外省人的故事

武之璋 著

目錄

二、我的故事 55

目錄

外省人的故事

目錄

一、我家的故事

老爸系列一：弱冠千里赴國難

爸爸生於民前十八年，辛亥革命那年就讀覃懷中學，老師張臚卿先生（**前考試委員張儐生先生令尊**）收爲入室弟子。爸爸常說張臚卿老師奠定了他一生爲學做人的基礎。

那時正值晚清，列強競相欺凌中國，政府無力應付，革命思想風起雲湧。爸爸在學校常偷看于右任先生的報紙，久而久之，終於無法遏止狂熱的救國激情，隻身南下參加革命，武昌起義，參加陽夏之役，在三眼橋被俘。三十餘人次第被槍決，清軍官盧氏（**女兒盧群英，父親義妹，來台後住岡山**），奇其貌釋之，並收父親爲義子。

這批清軍，就是後來福建李厚基部。未久該部清軍響應革命，辛亥革命成功，民國成立，父親就留在該部做軍官。

父親在該部隊時間不短，好像做到營長，因爲父親常講，他做營長時如何、如何。其中有一件趣事，他曾託人介紹金少山，跟金少山學戲，學了一段時間以後，自覺唱得沒花臉味兒。有一次，就問金少山，如何唱得有花臉味兒。金少山深鎖眉頭，作深思狀，然後一拍桌子說：「有了！」爸爸很高興問道：「什麼辦法？」金少山回答：「您別唱花臉了，改行吧！」爸把這件事當笑話講，並謂這是當年北京人標準的損人方式。

後來金少山介紹馬連良，爸跟馬連良學過幾齣戲，嗓子好，馬味兒很足。

爸爸在部隊裡做軍官其實是副業，主業是秘密發展國民黨組織。當時在北洋軍中，國民黨、共產黨組織都是非法的。直到有一天組織被查獲，同志多人被捕，爸爸連夜逃走。

老爸系列二：參加抗戰，艱苦奮鬥

北伐成功後，父親一直在河南工作，其間短時間在教育廳做秘書，廳長是李敬齋先生。大部分的時間是訓練民團，父親對於訓練民團很有心得，興趣也很高。曾任團警處秘書，處長省主席自兼，父親負實際責任。民國二十一年，陳立夫擬調父親到江蘇武進縣做縣長，父親婉拒，留在河南辦團練，清剿土匪。

後來父親說，當時應該接受武進縣長職務，原因是其一可接近權力核心；其二是武進縣是大縣，地位重要，容易有表現。父親一直到二十六年，才出任河南羅山縣縣長。至到民國三十二年才應陳立夫先生邀請，出任國民黨組織部視察。

我想父親熱衷訓練民團，是因為嚮往曾國藩的事業。但是時代變了，雖然曾國藩的功業遙不可及，但是父親訓練的地方部隊，在抗戰期間發揮了作用，也差堪告慰了。

民國二十六年，父親就任羅山縣縣長。時雖已開始抗日，戰火尚未波及羅山縣，除了主持縣政，更利用有限資源訓練民團。維持治安、剿滅土匪之外，主要工作就是與共軍作戰。當時共軍高敬亭部甚為囂張，一再破壞抗戰。父親與高敬亭部作戰十餘次，期年之間，將高部日夜不停追擊達三個月，至到高部遁入山中。父親在縣長任內，因充分發揮其軍事長才，而被河南軍事首長程潛、蔣鼎文等長官賞識，先後委以河南自衛軍第六路司令、豫北挺進軍副司令、一戰區游擊第二十三縱隊司令，從事敵後游擊與日軍、共軍兩面作戰，艱苦備嘗。

曾經有一次被大批日軍圍剿，下令部隊分散突圍。最後藏匿一山洞，只剩一發子彈，準備最後被日軍發覺時用來自殺，後幸未被發覺，逃過一劫。

父親練兵首重體能訓練，尤重夜間行軍。當年共軍之長在運動、游擊，裝備簡單，只有輕武器，行動飄忽。敵走我軍追不上，我走走不脫，父親訓練的軍隊比共軍還能走。父親並發明「反客爲主」的反游擊戰。選年輕、體力好的組成突擊隊。分成許多小股，釘住共軍不放，在有利地形擾性突擊，敵反擊則遁走。地方父老也樂予支援、掩護。日夜不停進行擾擾，常常收到以寡擊眾的效果。

民國二十八年，共軍劉伯誠部滲透豫北。尤以河南、河北交界處情況複雜，政府政令無法推行。政府劃臨、內、滑、濬、封、延、原、陽等八縣爲第十三行政區，派父親爲行政督察專員兼保安司令、並兼游擊第二十三縱隊司令，展開一個新階段的抗日工作。

老爸系列三：黃埔教官，擦身而過

在北洋軍閥部隊中，發展國民黨秘密組織，身分曝光後離開部隊，到北平念書。結拜兄弟被撕票後，在河南訓練民團，後來又回部隊，擔任營長，根據現有資料及爸爸口述，可能是在張鈁（**張伯英**）將軍麾下。民國十二年，有一天同為國民黨秘密黨員的長官（**可能就是張鈁**），突然找爸爸談話，說接到廣東上級來電，要成立軍官學校，鼓勵愛國青年去讀軍校，並且希望推薦教官一名。

長官知道爸爸書讀得好，對三民主義信仰堅定，決定推薦去當教官。爸爸喜歡讀書，尤喜讀兵書，無論中西兵學典籍、戰術、戰略皆有涉獵，所以一口就答應了。

辦完了移交，爸爸扛著行李到了火車站，在等車的時候，突然看到傳令兵來車站找爸爸，長官請他回去。爸爸猶豫了一會兒，心知事情恐怕有變，繼而一想留在軍中，不也是搞革命，回去就回去。

回到部隊，果然，長官告訴爸，因為接任的營長不很合適，師長對他不放心，所以爸爸還是留在部隊，長官另外推薦了一位黨員去廣東軍校。軍校正式名稱叫「陸軍軍官學校」，俗稱黃埔軍校。

爸爸回憶，當時在火車站，他曾考慮不回部隊，因為他已猜到長官變卦了，他如果堅持要走，長官會答應。回部隊後長官並未堅持要換掉爸爸，推薦別人去黃埔當教官。爸爸也未堅持爭取，事情遂成定案。

爸爸提起此事，並不以未做黃埔教官，與榮華富貴擦身而過爲憾，而是沒做黃埔教官，未能充分發揮其軍事長才。後來在軍中多年，參加北伐、抗日，皆屬地方部隊或游擊隊，雖在槍林彈雨之中，但終究對大局影響有限。如果當年去黃埔當了教官，可能對國家貢獻更多些。

老爸系列四：日益壯大，被誣去職

父親就任新職以後，首件事就是整頓地方武力。當時地方武力成分複雜，良莠不齊，其中有中央任命，納入編制，直接補給薪餉武器者、有地方士紳毀家紓難、自行購買武器參加抗日者，也有土匪藉抗日名義擾民自肥者。父親重新編組、訓練游擊武力，補充武器彈藥，增其戰力，並剿滅假藉游擊名義，騷擾地方之悍匪楊秋德等多人。

父新整頓之地方武力，以支隊司令王泰恭部戰績最為輝煌，對日軍多次伏擊，日軍傷亡甚眾。有一次計擒日軍官兵七人，偽軍軍官數十人，日軍得悉，星夜派一聯隊圍剿，企圖營救日軍。王泰恭人少，無力抵抗，突圍前把日俘悉數擊斃。後來王泰恭贏得「豫北之鷹」的外號，並兼滑縣縣長。民國三十三年與共軍作戰時陣亡。

父親與日軍、共軍兩面作戰，因為迭有戰績，深得一戰區長官蔣鼎文將軍信賴，撥發武器、彈葯甚多，而遭忌被誣。後又與軍統局人員磨擦，因而去職。父親被誣內容不詳，而出面向中央檢舉者則為軍統局。被誣停職後，父親留在一戰區長官部，做短時期的幕僚工作。其間一戰區長官蔣鼎文、河南省主席李培基均向中央澄清。父親心情沮喪，蔣鼎文鼓勵父親繼續為抗日而奮鬥，並委以豫北挺進軍副司令，父親乃留在敵後，繼續游擊。

父親隱約透露，日軍某高階將領，以中文毛筆字寫信給父親勸降，父親見其文筆流暢，字體高逸，乃回函責以大義。結果情報單位以通敵罪上告中央。此案除一戰區長官力保父親無罪外，中央陳立夫先生亦出面保證父親清白。

此事令父親終生對情治單位沒有好印象。常說戴笠先生對抗日反共有功，但對國民黨內部團結有過。戴笠勢力過大，黨內同志人人自危。國民黨一心一德的同志向心力日漸消泯，父親認為戴笠之過也！

一戰區淪陷，國軍潰敗，據父親目睹，撤退毫無計畫，一片混亂，武器輜重隨意丟棄，僅渡河淹死者即超過萬人。父親臨危授命，攔截潰兵，使之不得擾民，結集、整訓後重回戰場。

老爸系列五：回到後方，專任黨職

父親沒有受過正式軍事教育，但喜歡研究軍事知識，熟讀中西兵書，再加上久歷戎行，對練兵、作戰頗有自信，卻不敵內部頃軋，含恨離開戰場。

民國三十二年，調組織部視察。當時部長是陳立夫，副部長是谷正綱。陳立夫兼職過多，許多事務由谷正綱處理，父親直接受谷正綱領導。

父親就職前以爲，此爲一閒職，不免心懷怨懟。沒想到就職後發覺，工作非常忙碌，不但忙，而且很威風。包括協調戰地軍政關係、前線勞軍、視察、考核戰地軍風紀等，東奔西跑，席不暇暖。

父親留有重慶工作日記一冊。其中記載最多的，是跟谷正綱一起公出，目的不是視察就是勞軍，勞軍發放的錢，好像是父親經手的，所以常「發放勞軍款三十萬元」，或到災區救災，「發放救災金三十萬元」等記載。

父親因爲有參奏、糾舉封疆大吏的權力，所以官不大而很威風。父親說，他被誣去職，一肚子怨氣，勉強接受國民黨組織部視察一職，本以爲是閒差，沒想到不但工作繁忙，而且十分威風。父親就在組織部工作，一直到抗戰勝利。

「抗戰勝利那天，重慶市民徹夜狂歡，炮竹聲整夜不斷。我跑到街上看熱鬧，碰到鄰居大小孩，我問他發生什麼事了，他說日本人投降了。我問他投降是不是兩隻手都舉起來了，他說不是，投降是日本人都死光了。」

媽媽在世的時候，我提起這片段記憶，媽媽說不可能，因爲那時我才三歲。但是我的確記得日本投降那天的情景，以及跟那個小朋友的對話。

樓塌了

抗戰勝利後，我們舉家遷往南京，父親在中央政府任職。我們住中山北路，離俄國大使館不遠。當年記憶裡的中山北路，是一條很寬大的馬路，車流不斷，過趟馬路要等半天。

我家在靠馬路邊的一幢小樓上，對面蓋了一幢高樓，後來媽告訴我，那樓有五層，當年在南京算是高樓。

有一天，鄰居小朋友告訴我，那幢樓蓋好了，某月某日，會從頂樓往下丟糖果給小朋友吃，我聽了很興奮，跟小朋友約好，到時一起去撿糖果。

結果媽知道了這件事，把我關在家裡，不准出門。

那天我在窗前，凝視着小樓。人來人往，不時有大人物坐私家包車前來，最後果然有人在頂樓敲鑼，然後往下丟糖果，小朋友一哄而上，在地上撿糖果。

最後有人從樓上放下一串很長的鞭炮，鞭炮點著不久，就生出很濃的煙，整個樓在硝煙中消失了。不久，轟的一聲，壓住了鞭炮聲，同時升起更大的煙霧，整條街都不見了。

煙霧散去以後，對街的樓變成一堆瓦礫，原來樓塌了。只見路人四散奔逃。沒多久一隊外國人拿了鏟子、圓鍬，跑到瓦礫堆中救人，救出來的人放在路邊，不久警車來了，救護車也來了。

那是一段驚悚的記憶，假如媽沒阻止我去撿糖，說不定我早夭折了。

後我才知道，放炮、丟糖果都是落成典禮的節目，樓塌可能是鞭炮引起的共振現象，救災的老外是俄國大使館的人。

但是最令我難過的是，中國人好像只站在旁邊圍觀，沒有人參加救災。

南京

抗戰勝利後，我們舉家遷往南京，住在中山北路，離蘇聯大使館不遠。我們的房子是幢小洋房，很寬敞。八零年代我第一次回南京，那時整個南京城幾乎沒有新建築，市容跟國民黨時代一樣，沒有任何改變，只是房子老舊了一點。我僱了輛計程車，在中山北路來回走了兩遍，找不到我家的老房子，當時悵然久之。我在南京曾經讀過一年小學，讀書的記憶不多，只聽媽媽說，我們住在洛陽，有一天日本飛機轟炸，媽在防空洞口摔了一跤，我早產了一個多月，所以從小體弱多病，身心發育都比一般小孩遲緩，成績名列全班倒數第一。

倒是有一次捐款出了鋒頭。我跟媽要錢的時候，她正在打牌，根本沒聽我把話說完，就塞給我一把鈔票。第二天我把錢給老師，老師一數，我一個人捐的錢，比全班同學加起來都多。在南京，我家有兩部小轎車，一部是公家的，一輛是父親自購的，星期假日常跟家人出門遊玩。南京重要名勝玄武湖、明孝陵、雨花台，都有片段記憶。記憶最深的雨花台，是一個黃泥土丘，盛產雨花石，傳說古代一場大雨之後，就會看到滿地色彩斑爛的雨花石。到雨花台沿途，都是賣雨花石的小販，比較漂亮的石頭，盛在裝水的小瓷盤裏，顏色會顯得更加豔麗。除了賣石頭，還賣小鏟子，比我大五歲的姐姐，就曾用小鏟子在土裏挖出一塊很大、很漂亮的石頭。

在南京，我記得父親的好友翟韶武、李雅仙、張儐生諸位老伯常相過從，經常到我家吃飯，媽媽說有一次宴請爸的好友，客人來之前媽交代女傭，把餐廳一罐四川辣椒醬藏起來，顯然在當時這罐辣椒醬很名貴，媽不願意被客人吃光。後來客人來了，上菜不久，有一位老伯問媽要辣椒醬，媽說吃完了，我立刻對這位長輩說：「媽媽騙人！辣椒醬沒吃完，我知道藏在那，不信我帶你去拿。」害媽媽尷尬得不得了，客人卻笑作一團，一直到我也老了，媽媽還常把這件事當笑話講。

翟伯伯有一位漂亮的女兒，就是後來變成台灣的名人，有「最美麗製作人」稱號的翟瑞瀝。她在南京跟我讀同一間小學，來台灣後兩家時有往來，中學時期跟翟瑞瀝還常見面。大學畢業後各忙各的，忽忽二十年不見，在一次應酬場合再見面時，她跟別人說，跟我是青梅竹馬的交情，頗令我受寵若驚。後來我們常見面，她爲了不讓別人猜到年齡，拜託我不要跟別人說跟我是在南京小學的同學。結果有次在餐桌上，她自己說跟我小學同學，別人追問那間小學，我毫不思索地回答「西門國小」。結果那天她一再敬我酒，同時說「盡在不言中」，表示感謝。

在南京，我曾被拐子拐走了。當時很多人拐小孩，通常賣到很遙遠的地方，大陸那麼大，小孩被拐走，找回來的機會微乎其微，我竟然被員警救出來了。聽媽媽說，我因爲在拐子家哭鬧不休，鄰居報警，才被救出來。我對這事完全沒有記憶，但是對童年性格影響很大。我的童年很不快樂，孤癖、沉默、膽怯，這些問題顯然跟被拐過有關係。一九四九年隨家人到台灣，那時我七歲，住在瑞芳一年多，比對之下，南京是天堂，是我跟台灣同學吹牛的珍貴素材，但也確實是令我魂牽夢縈的地方。

好久沒殺人了

爸爸在六十多歲的時候得了喉疾，喉頭長了一個白點，口乾、燥熱、說話多了會痛，那時我們五個孩子在唸書，我讀高中，姐姐讀大學，妹妹讀初中。每學期張羅學費要靠借貸，爸在建中夜間部兼課教國文，媽養雞，所有收入加起來僅夠平日生活，繳交學費非借貸不可，每學期大概要借新台幣一萬元，開學後按月攤還，還清不久又開學了，又要借錢，週而復始，借錢繳交學費時間長達十餘年。

爸得了喉疾，講課很痛苦，醫生勸少講話，最好停止教學，但是一旦停止，少了一份收入，平日生活倒可以再緊縮一點，但學費怎麼辦呢？左右為難的情況下，爸得了憂鬱症，應該是精神病的一種，終日唉聲嘆氣、坐立不安，且有輕生念頭，看了很多醫生，換了好多醫院，吃藥無效，後來住進了一家精神病院——松山療養院，那時對精神病的瞭解及治療，比現在原始得多，病人一進醫院先打一針，昏睡一個星期。洗澡、吃飯時用力搖晃，病人會清醒十分鐘，利用這十分鐘可以餵食，可以洗澡，做完了病人再陷入昏睡。住院期間，媽、姐妹及我，輪流到醫院照顧爸爸，長達三個多月，也許因為充分休息的關係，出院後喉疾不藥而癒。住院期間，姐姐代爸上課，姐姐書讀得好，雖然當時大學尚未畢業，但教中學沒問題，再加上校長是爸的好朋友，網開一面，所以保住教職，我跟妹妹得以繼續完成學業。

有一天輪到我到醫院照顧，我把爸爸用力搖醒，扶到椅子上，開始餵爸吃飯。爸在意識模糊、睡眼惺忪的狀態下，機械吃著我餵的食物。

突然爸張大了眼，腰也挺直了些，很清楚地問我：「我在哪裡？這是什麼地方？」

「這是醫院，爸病了，正在住院。」我還不敢說這是精神病院。

「那學校怎麼辦？」爸焦急地問。

「放心！姐姐在代課，學校沒問題。」

「噢！噢！我想起來了，這是精神病院，我怎會得精神病？我好久沒殺人了。」

我聽到「好久沒殺人了」這句話，如同遭了電擊，驚駭之餘，手中的飯碗差點掉下去。爸爸又自言自話了一陣子，坐在椅子上，頭一歪睡著了。我拿著手中的碗，呆呆地看著爸爸。

爸爸穿著藍色的病人制服，頭髮花白，滿臉鬍子，奄奄一息的樣子，怎麼樣都不跟「殺人」聯想到一塊，這時我突然想到一句話：「自古美人如名將，不許人間見白頭。」美人遲暮、英雄老去，都是人生最不堪的景像。

我從小聽爸爸跟朋友談戰爭、死亡、革命的話題，但是感覺到那是故事，離我的現實生活很遙遠，即使故事中的主角是爸爸，聽了半天，也與現實生活中的爸爸扯不上一塊兒，故事中的爸爸英雄蓋世，膽略過人，像小說中的大俠，現實世界的爸爸白天上班，晚上上課，終日勞苦、卑微地活著，沒有一點英雄氣概。聽爸爸說故事，宛如看一本武俠小說，爸雖然是男主角，但小說畢竟是小說，情節是虛擬的，主角也不存在。

但是今天爸爸在意識不清、半睡狀態下提到殺人。「殺人」突然變得真實，似乎突然看到了屍體，聞到了血腥味，乖乖，故事是真的，殺人也是真的。看著坐在椅子上沉睡的爸爸，是陌生人，好像是我從來不認識的陌生人，好一段時間，我愣看著爸爸，不敢再餵他吃東西，生怕爸清醒後，變成一個面目猙獰的魔鬼。

爸爸在那個狂飆的年代，一直都在革命，革命就是要別人的命，同時也被革命，別人也要你的命，殺人如宰牛、羊，但是殺人畢竟是凶殘的、不文明的、違反人性的事，在爸爸的潛意識中，在事隔二十多年後，記憶依然揮之不去。我想爸爸的感覺是複雜的、是矛盾的、是有幾分自責的，否則不會把精神病的原因歸咎於殺人，更不會覺得很久沒有殺人了，得這種病有點冤枉。爸是無神論者，一生也不信因果報應。

這是我跟爸爸之間的小祕密，四十多年來，我從來沒有跟家人提過這件事。我在商場中逐名逐利，飽經憂患、折磨之後不覺步入老年。

我在歷經幾次心臟支架手術之後，人生觀起了很大的變化，對名利早已看淡，算算來日無多，要好好把握時間，多看書、多寫文章，尤其對複雜的中國近代史的研究，已經有許多與眾不同的看法，許多靈感來自父親，爸爸的一生像一個無形的樣板，可以容我用外科手術的方法，肢解、剖析、放大。「好久沒殺人了」是一個可以深入探討、瞭解那個時代知識分子內心世界的個案。

大動亂中奇女子——二姑

夏威夷的墓園比台灣的公園還美，碧草如茵，花木扶疏，一棟古色古香的日式建築是靈骨塔。整個墓園除了美還有一股祥和之氣，不像台灣的墓地陰森恐怖，我想二姑一定會喜歡長眠於此。

我代表家屬，向來賓簡述二姑生平後，一位姐姐的好友夏教授，致追悼詞時說：「我們只曉得二姑是一位慈藹可親的老太太，沒有想到生前竟有那麼不平凡的經歷，原來是個奇女子，這更增加了我們對二姑的尊敬與懷念。」

二姑最後幾年，是在天堂般的夏威夷度過，突然得胰臟癌，發現後十天左右去世，完全沒有嘗到病痛之苦。回台灣向媽媽、妹妹報告二姑喪禮經過後，我當著媽媽的面，感慨地說：「我們真幸福，因爲從小有兩個媽。」兩個妹妹也深以爲然。

沒錯，二姑在三十八年跟我們到台灣，從小照顧我們生活起居，爸媽脾氣都不好，在我們受到責罵的時候，二姑總是打圓場，替我們說情。二姑會做一手傳統河南麵食，尤其在爸媽腸胃不舒服的時後，一定要喝二姑做的呼啦湯、酸麵葉。

當時我們住在信義區的一個小眷村，原屬松山區。信義區是後來松山區人口太多以後，獨立出來的，我們居住的區域叫三張犁。當時的松山區算是「鄉下」。大人到西門町叫「進城」。信義區是典型的綠野村郊，小河縱橫交錯，農村之外就是眷村，有四四兵工廠所屬的東、南、西三個眷村，還有汽機場，五機場等許多小眷村。

二姑不識字，卻喜歡交朋友，老中青三代都可以來往。二姑遺傳了河南人的幽默，個性隨和，人緣特好。「二姑」變成了「官銜」。一直到她老了，年過七十，有些晚輩改口稱「老姑」。二姑的饅頭遠近馳名，逢年過節，她會蒸上百個饅頭，放在餐廳的大圓桌上，左鄰右舍、我的同學可以吃，可以拿。二姑當年在三張犁一帶，可是名人。

一直到高中，我才知道，二姑有一段不平凡的經歷。

抗戰期間，兩個叔叔帶領地方團隊，與日軍、共軍兩面作戰，家裡的私人武力也投入戰場。在大陸淪陷的過程中，河南地方部隊抵抗非常激烈，僅安陽保衛戰，就打了五次之多、三年之久。一直到平津戰役結束，林彪把平津戰場使用的重炮拉到安陽，才把安陽「解放」。叔叔在河南率部隊最後的掙扎，失敗後，遣散部眾，帶了少數親信匿居山中，企圖再起。在部隊解散後，據說大批武器彈藥由二姑負責掩埋。家鄉淪陷了，二姑被捕，受盡酷刑，沒有招供。有一天半夜，一位年輕共軍偷偷把二姑給放了，並指點逃亡方向。二姑逃出魔掌不久，迷路躲在一個乾河溝的小洞裡三天三夜，夢到一個白鬍子老頭，叫醒她，指點逃亡方向。後來找到了一位鄉親，給二姑一套換洗衣服、少數金錢，展開了逃亡之旅。

有一次二姑拿了一張寫有十個爸爸好友的紙條，這十個好友都是河南籍的大人物。二姑到火車站，找西裝革履的紳士，或找河南口音的同鄉，拿出紙條求助曰：「我是武某某的妹妹，我要到廣州找我哥哥，如果你認得我哥哥，或你認得這十個人其中之一，請幫助我到廣東找我哥哥。」當然這是大海撈針的辦法，當年中國有五億人口，擠在火車站中的人都在逃難，別說很難找到跟老爸認識的人，即使找到了，人家也未必有力量幫她，但是奇蹟發生了，一路上，不斷地找到爸的朋友，或朋友的朋友。一路上不停地有人幫忙，或贈錢、或購票，居然來到了廣州。

一個不識字的鄉下婦女，隻身從河南逃到廣州，已經夠離奇了，更離奇的是，廣州本來就是大都市，再加上難民潮。當時我七歲，記得廣州到處是人，公園、路邊都是地鋪，還有就是燒飯的。茫茫人海之中，二姑是怎麼找到我們的？可惜以前忘了問，現在父母、二姑俱逝，世上已經無人可回答我的問題。

二姑在台灣的生活看來很快樂，嘻嘻哈哈，不是做家事，就是四處串門子。二姑後來信基督教，定時做禮拜，與教友聚會，教會的主持人殷牧師夫婦，也對二姑親如家人，二姑的生活平凡、平靜卻很充實。

一九七九年中美斷交，二姑突然得了憂鬱症，臉上笑容不見了，經常失眠，不再妙語如珠、不再精神抖擻，終日愁容滿面。有時目光呆滯，臉上肌肉會出現局部而不規則的抽搐，有時頭部會不自覺地晃動。

二姑的異常，把我們嚇壞了，問媽媽二姑是不是病了，媽說不是，原因是二姑聽中美斷交的消息，以爲台灣保不住了，共產黨要來了。二姑受過共產黨的酷刑，也曾目睹群眾大會公審「反革命」

的可怕，被共產黨嚇壞了，聽說台灣不保，共產黨要來，嚇得肝膽俱裂。

我跟媽媽一再勸慰二姑，台灣沒問題，美國也沒有放棄台灣。我們勸了半天，二姑勉強擠出一點笑容，但是一轉眼又愁容滿面，我們的話，對一個被共產黨嚇壞了的鄉下老太太，完全無效。姐姐聽到二姑的情況，立即邀二姑到夏威夷長住，二姑欣然同意。姐姐的一兒一女，也是二姑帶大的。那時他們在夏威夷，一個讀中學，一個讀小學，也還需要人照顧。

就這樣，二姑到夏威夷，幫姐姐料理家事，照顧兩個小朋友，經常上教堂，參加教會活動，假日跟著姐姐到處旅遊，過了幾年快樂而沒有恐懼的日子。

回憶二姑在世的點點滴滴，歷歷在目，歲月如流，轉瞬間我也進入老年。在我想寫一篇懷念二姑的文章時，發覺二姑生前從來沒有提到，她在大陸的丈夫與子女。二姑彷彿從未有自己的家庭，但是實際上結過婚，有子女。開朗樂觀的背後，隱藏了二姑對至親骨肉刻骨銘心的思念。二姑的堅強令人敬佩。

在國共手足相殘的大悲劇中，二姑是個小人物，而且算是個幸運的小人物。

暮色

從小，爸爸是我心中的英雄，因爲我喜歡偷聽大人講話，內容多半是戰爭。在那個童稚的、喜愛跟小朋友玩騎馬打仗遊戲的年齡，當然會愛聽這類話題，像聽故事。爸爸有說不完的故事。

到長大了，才發覺爸爸真的是英雄，英雄事蹟有些來自媽媽口中，有些來自爸的老部下口中。年齡更大一點，大約是讀了大學以後，老爸會直接跟我談一些個人的歷史，有些情節比小說還精彩。譬如，他在十八歲那年，在河南讀高中，受于右任宣傳革命的影響，隻身南下參加辛亥革命，在武昌三眼橋之役被俘，三十餘人等候處決，清軍官盧氏，看爸爸相貌奇特，救了爸爸，並收爲義子，未久革命成功，清軍官盧某與父親一直保持往來。後來他的女兒到台灣，我們也常來往，我叫她姑媽，他們住在岡山。

爸一生類似的傳奇故事很多。

爸的一生就是中國近代史的縮影，辛亥革命、北伐、抗日、戡亂，無役不與。沒有想到，他一生努力奮鬥報國，結局是敗退到台灣，頻臨亡國。

爸嗓子很好，愛唱京戲，曾跟馬連良學過，一口馬腔，很有味兒。爸好像從來不唱歌，印象裡只有一次，來台灣後我們一直住眷舍，有個小院子，全家都愛花，種了不少。我三不五時會到院子裡，除除草、剪剪花。有一天拿著小剪刀走到小院，看到爸爸直挺挺地站著面對夕陽，活像一座雕像，眼睛凝視著西方，嘴裡念念有詞，我記得那天的晚霞特別艷麗，我想爸爸可能在哼京戲，我就開始拔雜草，拔了一陣子，當我接近爸爸的時候，聽到不是在唱戲，而是在唱歌，在唱一首我們小時候很熟悉的「蘇武牧羊」。但是爸的唱法與我們完全不同，用崑腔，有洞簫之音，聽來格外蒼涼悲戚。奇怪的唱法吸引了我，站起來看看爸爸，立刻又蹲下來了，因爲看到爸爸在流淚。爸爸怎麼會流淚呀！爸不是英雄嗎?從我有記憶開始，爸就是個強者，逃難、重病、養豆芽、教書，拚了老命，也要讓我們每個人都讀到大學畢業。媽媽心情不好，爸常用「國難時期，大家都苦，我們不算最壞的」這類的話，來安慰媽媽，爸在我們心目中永遠是積極、奮發、樂觀的強者，沒聽爸說過一句沮喪洩氣的話。

爸的眼淚，蒼涼的歌聲，帶給我極大的震撼，從那一刻開始，爸在我心目中似乎陌生起來了，但是對爸也多了幾分敬畏。

算算爸過世轉瞬已四十年了。少年子弟江湖老，我也七十歲了。歷經大風大浪，看透了名利，退出商場，轉入學界，專心寫作。不知不覺五年過去了，五年來我常到大陸演講，參加學術會議，關注國共之間的糾結，中國未來的去向，中國文化深層的問題。坦白講，大陸之行，有如孔子周遊列國，言者諄諄，聽者藐藐，還有很多議題，不能暢所欲言。大陸之行，邀請方多半管食宿，不管機票，但是機票費用最高，常年往來兩岸，經濟上也是個負擔，但是我樂此不疲。

正如我在台灣研究「二二八」一樣，在大陸參與討論演講的議題，無論近代史，無論法治問題，我的看法都屬非主流，既要批評建議，又要顧到禮貌、尺度，但是換來的，都是叫好不叫座，或者遭到某些人的懷疑。對此我不沮喪，也沒有挫折感。因爲我對自己的見解非常有自信，我研究學問，與一般學者有兩點不同，其一，我是商人出身，商人的思維比較現實，比較邏輯；其二，我出生一個反革命家庭，一九四九年以後，我在大陸的親人橫遭迫害，無一人倖免，叔叔被鎭壓，堂哥跳井自殺，跟我同輩的家人，除了一位年齡略大的，在國民黨時代就高中畢業了，其他全部只有小學程度，都成了農民。國共之鬥造成的悲劇，我感受特別深，商人的經驗加上反革命的家庭背景，研究國共問題，對我而言不只是興趣，而是責任。尤其是幾十年國共殊途，我在台灣曾經參與經濟發展，台灣經驗加重了我的責任感。許多大陸今天的問題早在幾十年前的台灣就發生過。

父親是我責任感的最大動力，父親壯碩的身影、洪鐘般的聲音、是非分明、嫉惡如仇的性格，如此清晰一直在眼前，尤其是那一次，我看到他在暮色蒼茫中，吟唱「蘇武牧羊」的愁容，聽到那如此蒼涼悲壯的歌聲，我越老越能瞭解爸爸的心境，那眼淚是遺民淚呀！想到中國人的苦難，想到老一輩愛國人士的遺憾，趁我目前身體情況不錯，盡這一代知識分子的責任，夕陽無限好，管它近不近黃昏。

潛赴大陸

鄧小平上台後的改革開放震驚了全世界，也給全世界的中國人帶來了極大的振奮。很多觀察敏銳的人預料，中國即將回歸一個正常社會，災難過去了！那種鬆了口氣的感覺，好像一場漫長的惡夢終於結束了。

姐姐從美國寫信給大陸國務院，尋找我們三個在大陸同父異母的哥哥。沒多久，姐姐就跟三個哥哥聯繫上了，那時大哥身體很差。姐姐去了一趟重慶，大哥之英（原名之瑛）住重慶，二哥之璀住長春，三哥之璉住寶雞，約好大家在重慶見面。

姐姐從大陸回來以後，帶來了他們的消息，二哥、三哥身體還好，大哥身體極差，有嚴重氣喘，右肺因勞改時，在礦坑中吸入過多礦石而鈣化，左肺也只有部分功能，除此之外，所有老人病都有，健康情況很糟，隨時會走，姐姐並帶了一封大哥寫給我的信。

信是用很劣質的信紙，字跡零亂，看得出來握筆時手抖得厲害。大意是自己風燭殘年，隨時會離開人世，希望兄弟能見最後一面。但那時台灣對大陸還有敵意，不准到大陸去，偷偷去是違法的。

一九八五年七月，我透過廣東駐香港國營公司負責人，河南老鄉李沛先生協助，到重慶跟三個哥哥見面。二哥住長春，他是同濟大學工程系畢業，水電部工程師退休。三哥曾是籃球好手、運動健將，當時在寶雞一家醫院工作。姐姐上次也是大家會齊在重慶見面，三哥見到姐姐曾痛哭失聲，一直到姐姐離開重慶，三哥都沒講過幾句話。

在重慶只待了三天，吃飯、聊天、近郊旅遊。

大哥精神異常振奮，不停地說話，但也不停地咳嗽，而且每咳嗽必有痰，痰中帶血。

「太好了！沒想到這輩子大家能見面。」

他們都是「黑五類」，「反革命」家庭出身，反右、文革都沒逃過，大哥最慘，除了家庭原罪，還背了一條「窩藏反革命」罪被判五年。勞改時到礦場採礦，傷了右肺，終生被肺病折磨。所謂窩藏反革命，是指一九五一年，叔父振華帶了一批地方團隊作最後之掙扎，部隊全軍覆沒後，叔父隻身逃亡，被捕前曾在大哥家住了一夜，大哥因此被判刑五年。

四九年以前，大哥已經是當時的冶金專家，認爲自己是技術人員，改朝換代不會被牽連，雖然爸再三警告，共產黨不會放過他，但大哥不信，最後選擇留在大陸。二哥是因爲等畢業證書，所以未能來台。

短短三天的相聚，談不完的話。我怕大哥太累，故意少跟他說話，大哥卻精神亢奮，不停地說，不停地問。我盡量談我們到台灣後的情況，但原則上報喜不報憂。我們在台灣十幾年的窮困，媽媽孵豆芽、養雞，爸爸到處兼課等細節，均略而不談。

哥哥們對他們過去的苦難，刻意不提，我也強壓我的好奇心，故意不問，但是大哥還是無意間，說了一句耐人深思的話。

「當初整我們的是這批人，今天幫我們的也是這批人」。

這使我想到大哥給我的第一封信中，勉勵我們在台灣的親人，「要為中華民族的繁榮昌盛而努力」，一個愛國的知識分子，一個優秀的科學家，在自己飽受折磨、殘害之後，還是心繫民族的繁榮昌盛。

後來我跟大哥保持通信，又曾接大哥、大嫂、侄子惟陵到香港玩了一趟。姐姐拿了大哥的病歷、X光片到美國給醫生看，醫生配了最新的藥給大哥服用，大哥病情改善。後來姐姐又去看了大哥一次，帶來的消息，是大哥分了一間有抽水馬桶的房子。長壽煉鋼廠請大哥做顧問，北京社科院請大哥做「中國礦業史」編輯委員。大哥心情大好，身體也日有起色，此時我在台灣卻遭大難。

先被陳水扁市長政治迫害，公司倒閉，數十年累積資金及信用付諸東流。後來又因無中生有的欠稅問題，而被限制出境十五年之久，十五年間，我沒回過大陸一次。大陸家人甚至猜我出了什麼意外，我又不願意多解釋，增加大家煩惱。

一九九八年嘉陵來電話，告知大哥病逝，我尚未解除限制出境，無法參加喪禮，一直到前年，才能到大哥墳前致敬。

我八五年到重慶，那時大哥七十多歲，一九九八年過世，享年八十五歲。

附中國專家大辭典及世界文化名人辭海——武之英先生傳略

武之英——一九一三年十月生，河南孟縣人。一九三六年畢業於河南大學化學系。曾為重鋼集團鐵合金有限公司（原重慶鐵合金廠）冶煉工程師。中國金屬學會會員，中國科學技術協會會員。

主要貢獻及成果——一九三七年就職於南京兵工署百水橋研究所材料試驗處。

一九三九年配合工程師郭培厚在五十ＫＶＡ電爐試製硅鐵。

一九四二年在華新電冶廠生產硅、錳鐵。

一九四五年派四川長壽華新長壽分廠，以廢鐵渣煉製生鐵，並配入錳渣調整晶體結構，改善鑄件加工性能。

五〇年代後，主要從事鐵合金生產、研製及開發。鐵合金電爐連續式自熔自焙電極糊研製、應用及黏合劑選擇、單相電極豎窟鍛燒白煤、「敲擊值配合比電阻」確定散料粒度鉗合。產品開發有一九五五年百分之九十硅鐵及一九五七年硅鈣合金、硅錳合金、中炭錳鐵和硅鈣錳、硅鋁錳、炭素鉻鐵、硅絡合金、結晶硅等。一九五六年完成新型保溫隔熱電爐的規範、定型。一九九八年八月五日逝世。

沒有情節的故事

我六歲到台灣，在瑞芳住了一年多，後來搬到台北吳興街，一幢獨門獨院的日式房子，對面有一排房子，沒有院子，一共住了六戶人家，我們家院子很大，後來就讓出一部分土地讓對面的鄰居蓋了六間廚房。房子是國防部向民間租的，形成一個小眷村，我們的房子可能是日本軍官的官舍，比較大，附近眷村的小朋友，包括後來出名的光頭凌峰，都視我們為「貴族」，其實小眷村跟大眷村一樣窮，以我們家為例，父親薪水太少，晚上到建中夜間部教書，媽媽養雞，每到註冊的時候還要舉債。

爸爸在大門口釘了一個小木牌，上寫「四四寄廬」四個字，一直到我讀高中，才知道這幾個字的意思，爸爸朝思暮想的是反攻大陸。「四四寄廬」者，暫時寄居之地也。後來大家都叫我們小眷村為「四四寄廬」，而不止是指我們一家。我在「四四寄廬」住了十多年，一直到大學畢業為止，我在那兒讀完小學、初、高中、大學，經歷了反共抗俄時代，直到老總統過世。我們小眷村因為戶數少，距離又近，平日相處得很好，親如家人。十多年是個漫長的歲月，我們家跟鄰居的交往，一些點點滴滴的小故事常在回憶中出現，但是隔一陣子，就會對這些小故事就有不同的解釋，這些小故事忽遠忽近、忽濃忽淡，在回憶中歲月偷偷溜走，青春也潛逃無蹤，小故事卻揮之不去。

國共鬥爭是中國近代的大悲劇，其中涉及的理論，以及當時的國內外情況，理想與野心的糾葛至為複雜。回顧這一段骨肉相殘的歷史，國民黨的大潰敗、大陸的文化大革命、台灣的經濟奇蹟、大陸改革開放後的和平崛起、推動市場經濟、恢復私有財產制度。國共鬥爭對雙方而言正當性、合理性、必然性，都令人質疑，但是再深入當時中國社會的情境，軍閥割據、列強瓜分、民不聊生，國共鬥爭似乎又勢不可免。國共內戰死亡人數以百萬計，共產中國死於內鬥、飢餓者數以千萬計，當年海峽兩岸的中國人，幾乎家家戶戶都有受難者，戰爭結束，存活下來到台灣的或拋妻別子，或隨部隊隻身來台，鮮有全家團圓者，留在大陸而能逃過三反五反、人民公社、文化大革命而毫髮無傷者，更是絕無僅有。國民黨來到台灣，痛定思痛，檢討過去，咸認為過去對共產黨太仁慈，沒有斬草除根，基於反共的正當性，國民黨實行「白色恐怖」長達數十年。「寄廬」的小故事只不過是大悲劇中的小插曲，跟戰爭、死亡、骨肉流離或不能比，卻是一個抽樣，使人驚悸於那個時代，國共雙方口中的「革命」、「主義」是多麼可怕！

阮家在鄰居中是比較特殊的，夫婦氣質高雅，兩人都是北大畢業，平日沉默寡言，有些冷漠，阮家有兩個兒子，我讀初中的時候，老大讀中正理工學院，老二讀台大，年齡比我大得多。聽大人說阮家父母很偏心，喜歡老二，不喜歡老大，也許因為老二功課好的關係，老大讀軍校最多每個星期回家一次，二老待之十分冷淡。但是兩個兒子都很孝順，老大對父母噓寒問暖，二老卻冷慢應之，甚至會面有不耐煩的表情，對老二卻談笑風生，不拘小節，毫無距離。在鄰居眼裡，大家都替老大抱不平。老大英挺白皙，穿上軍服非常瀟洒，我一直到今天都不知道父母偏心的原因，謠言說老大不是親生的，但是我不信，因爲老大長得很像爸爸。

後來老二去美國留學了，當年家有留學生是光宗耀祖的事，阮家二老當然笑顏常開了好一陣子，但是沒多久，二老突然變得愁眉苦臉，見到我們小孩子甚至頭都不點。老大軍校畢業後，到南部工作很少回家，漸漸聽到不少鄰居的閒言，但是那段時間我是一個標準的叛逆少年，忙於應付退學、轉學，周旋於警察局、少年組之間，如喪家之犬，惶惶不可終日，對阮家的故事都懶得聽，大學畢業我們搬離「寄廬」，從此與祁家失去聯絡。

三十歲那年，爸爸食道癌過世，四十多歲開始對史學發生興趣，我就很後悔，爸爸活著的時候沒跟他多聊聊。爸生於民前十八年，經歷過辛亥革命、北伐、剿共、抗戰、戡亂。爸的經歷本身就是一部中國近代史，可惜我沒把握機會。有了爸的遺憾經驗，媽的晚年，我就常跟她聊天，多半是我不停的發問，媽健談，從她的口中，我更深一層的瞭解爸的一生，我們家族的小故事，包括「寄廬」時代阮家的疑問。

「阮伯伯、阮伯母討厭老大，喜歡老二的原因不明，其實老大除了讀書稍差之外，兩個孩子一樣乖，知書達禮，孝順父母，我親眼看到老大因小事挨罵，偷偷躲到廚房流淚。」

「老二留美後，十年都沒跟父母通過一封信，聽說到美國一下飛機，就發表反國民黨、反蔣介石的言論。」

「在美國讀書期間，就常與中共駐美大使館聯絡，拿到學位後回大陸訪問、教學。」

「台灣警備總部多次拜訪阮伯伯。」

「阮伯伯透過老二的同學，詢問為什麼不跟父母聯絡，老二的回答是他痛恨國民黨，以他爸爸是國民黨員為恥，他要做個大義滅親的樣板。」

「文革的後期，老二的思想略有轉變，開始跟父母通信。」

「阮伯伯、阮媽媽垂老之年，曾經到美國看過兒子一次。」

聽完媽媽的敘述，阮家四口的面孔不斷地在腦海中反覆重映，清晰如在眼前。

在反共抗俄、白色恐怖、思想鉗制的時代，許多知識青年痛恨國民黨的作為，把國民黨的文宣、政府的一切檔案資料、近代史家的文章一律視為欺騙。一種物極必反的效應，使當時許多青年不相信國民黨的任何反共言論、文字，以及歷史解釋，轉而相信偷偷摸摸接觸到中共的任何資料。何況國民黨何以在大陸失敗，也確實有太多令人費解的疑問。某些人的認知：親共、左傾、反國民黨，代表「愛國」。

在這種環境之下，一個文質彬彬、品學兼優的台大畢業生，居然早就是狂熱的共產主義信仰者。一對非常傳統的知識分子，一生鍾愛的兒子，居然早就視父母為寇讎，就因為他們的父母在年輕的時候為革命救國參加過國民黨。

阮家二老的錐心之痛可想而知，天倫、親情在那個混亂的時代撞上主義、信仰，居然是那麼的脆弱。我也不知道阮家老二對於共產中國後來的歷史、文革、改革開放、天安門事件、恢復私有財產制度等驚天動地的大變化，有什麼感受，對父母的冷血無情有什麼感受。

由於是媽媽的轉述，顯得是一個情節平淡的故事，但是故事結局對我的震撼，卻從來沒有淡化。

豆芽大王

一九四九年到台灣，記得是夏天，在基隆碼頭下船，在港口看到許多赤腳的小朋友，那是台灣第一印象，小朋友多剃光頭，大多數的頭髮有圓形斑塊，像梅花鹿身上的花紋。後來知道是被蚊子咬了以後長瘡，沒有及時治癒，形成的局部脫髮，可見當時台灣的衛生是多糟。當年我從南京來，比較之下，台灣是個貧窮落後的鄉下。後來看到許多綠色學者，提到二二八事變是文化衝突論，二二八是一群文化落後外省人來到文化發達的台灣產生的文化衝突，我聽了哈哈大笑。

我們全家十幾口，住到瑞芳的一幢洋房裡，據說是台北縣梅縣長出面，向當時的一個台籍大企業家李建興借住的。

住下來沒多久，父親就病倒了，父親得了急性腎臟炎，渾身發腫，醫生跟母親說：「這個病也有治好的。」

爲了治病，賣光了所有帶來的首飾、黃金，病好已是兩年後了。父親到政府報到，文職沒缺，國防部重新敘階的結果把父親降爲中校，父親民國二十幾年就是少將，所以憤而脫離軍職。

正在坐困愁城的時候，媽突然想起爸在病中想吃豆芽，當時台灣沒有賣豆芽，媽靈機一動，就買綠豆自己孵豆芽給爸吃，沒想到買了幾斤綠豆，結果長出幾十斤豆芽，吃不完就送給鄰居，結果很受歡迎。媽想為什麼不把豆芽當生意做呢？

沒想到一念之間，我們家居然成了台灣北部的豆芽大王了。

當時瑞芳的房子很大，除了父母，還有五、六個父親的老部下，再加上姐姐已經十幾歲了，多少可以幫忙，所以人力還算充沛。可是當地的自來水水質不好，不能用，只能用離家幾十公尺的一口井水，豆芽在成長後期，每四個小時就要灌一次水，否則溫度過高豆芽會爛掉。大家不分晝夜輪流打井水，豆芽長成後挑擔子到市場賣，由零售賣到批發，從台北縣賣到台北市。高峰期間共有一百多個木缸，每個缸高約一公尺半，直徑約一公尺，產量可觀，利潤可能也不錯，家裡十幾口人，就靠孵豆芽熬過了好幾年。

媽出身富貴之家，河大校花，一生沒吃過苦，可是在孵豆芽期間，終日蓬頭垢面，雙手因為長期拉井水，不但變得粗糙不堪，而且手紋長年裂開，因為傷口沒有機會癒合。

後來那些老部下，陸續找到工作而離去，在人力嚴重缺乏之下，只好停業。父親遇到大哥武之璞的河南大學同學趙學顏將軍，趙擔任四四兵工廠廠長，是一位仁厚長者，對困頓中的爸爸及時伸出援手，給爸一個聘任專員的名義，並配了幢大房子，我們家進入了一個新的階段。

瑞芳孵豆芽那是一段艱苦歲月，除了筋骨勞累之外，大家都嚴重睡眠不足，每個人都面有菜色，兩眼滿佈血絲。

媽最不願提起這段往事，甚至有十年之久不吃豆芽，因為一看到豆芽，就忍不住鼻酸落淚。

媽媽的故事

多年來，熟朋友都羨慕，我有一個高齡而且健康的媽媽，非但健康，而且熱愛生活，打麻將、逛街、吃館子、跟晚輩聊天，永遠都興致勃勃。媽從來沒有老態，除了愛家人，也關心社會周遭的一切。有一天我跟媽媽一起看電視，看到侯佩岑主持的節目，媽媽說：「這個女孩子真傻，那麼好的連勝文不嫁，去跟周杰倫談戀愛，最後周杰倫又不要她。」

「媽，妳怎麼知道那麼多的八卦新聞？」我驚訝地問。

「他們的新聞鬧了那麼久，電視也播，報紙也登，誰會不知道？誰像你只關心政治？」

三十多年前，爸爸走了以後，我及兩個妹妹先後大學畢業，家裡生活改善，媽媽享了多年的福，有時住在台灣，有時在洛杉磯跟小妹住，有時在夏威夷跟姐姐住。她們都很孝順，也會哄媽媽，跟她閒扯，熟朋友也都羨慕媽媽命好，我卻認爲這一切都是媽媽應得的福報。

媽媽家裡是河南大地主，從小嬌生慣養，嫁給爸爸又當了多年的官夫人，每天應酬打牌，她性格隨和開朗，頗能幫助爸爸社交。民國三十八年大陸淪陷，我們跟政府到台灣，一家八口，還有爸爸的老部下，住在瑞芳一幢獨立小樓，那是暫借當時煤礦大王李建興的房子。未料一到台灣，爸爸就病倒，急性腎臟炎，住在基隆市立醫院一年多，病癒之後，到內政部報到，內政部只有參事缺，薪水太低，養不活那麼多人，到國防部報到，重新敘階的結果降爲中校，爸爸拒絕接受，後來到兵工廠做聘任專員，薪水較高，但也不足糊口。

在病中，爸想吃豆芽菜，當時瑞芳市場沒有賣，媽媽就孵豆芽菜給爸吃，爸爸病癒後，就這樣無意間做起豆芽菜生意。後來做到每天維持一百多缸豆芽，銷到基隆、台北，當時台灣自來水水質不好，不能用來澆豆芽，要到一百多公尺外打井水，豆芽要定期澆水，否則會產生高溫爛掉，媽帶著幾個爸的老部下，日夜不停，按時輪流到井邊打水澆豆芽。媽出身富貴家庭，嫁給爸爸後也沒吃過苦，到台灣環境驟變，突然變成一個勞動者。媽媽長得漂亮，又極愛美，但是在那段艱苦歲月裡，她整天蓬頭垢面，像一個苦力，雙手都是裂紋，因爲拉井水提重物的關係，手上裂紋永遠來不及癒合。當時孵豆芽全靠勞力，非常辛苦，後來幾個老部下找到工作以後，豆芽生意就無法繼續。爸到兵工廠就職後，我們就搬到台北，但是食指浩繁，我們家有五個小孩讀書，爸爸白天上班，晚上在建中夜間部兼課，錢還是不夠用，媽媽又開始養雞貼補，一個看似柔弱的小腳媽媽，爲了生活，爲了子女教育，從事勞力賺辛苦錢長達十多年，姐姐大學畢業，生活改善，媽媽多年不吃豆芽，因爲看到豆芽，就會想到不分晝夜到井邊打水的日子。

媽媽年輕的時候脾氣很壞，一般婦女的通病如暴躁、易怒、妒嫉等等她都有，但是奇怪的是，她老了以後，幾乎所有的毛病都不見了，變得慈愛、寬厚、隨和。這跟一般老人是很不一樣的，後來我觀察原因，是她極喜閱讀，再加上一雙好眼睛，一直到九十多歲看報紙都不用帶眼鏡。原來媽媽在閱讀中不斷提昇自己，非但脾氣變好，而且永遠不跟社會脫節，所以對侯佩岑的戀情都瞭若指掌。

在我們成長的記憶中，爸爸永遠是媽媽的出氣筒，媽一生氣，爸就手足無措，除了哄、逗之外，還幫她找搭子打麻將，而媽常常是無理取鬧，小時候爲這點，我常爲爸叫屈，我們都怪媽媽不該欺負爸爸。直到爸爸病倒了，我們子女輪流在醫院陪爸，爸住的是三等病房，我們只能睡在地舖上，我那時還不到三十歲，輪值一夜疲憊異常，三天都恢復不了，而媽媽是每天在醫院陪爸爸，她的精力旺盛，令我吃驚。有一天我去醫院，爸爸便祕，我看到媽媽用手幫爸爸挖大便，既不嫌髒，又不嫌臭，看到我以後，大聲叫我走開。我猛然醒悟，爸媽的愛情真是堅如金石，他們之間的小彆扭，哪有我們置喙的餘地?從此以後一直到媽去世，我再也沒跟媽頂過一句嘴，對媽由衷地敬佩。

媽媽對爸除了愛，還有一份英雄崇拜，在任何時候，只要一談起爸，她永遠是充滿榮耀的說：「你爸真了不起，一生打仗不怕死，做官不貪汙。」媽媽也常跟我們講一些爸爸的小故事，一生以爸爸爲榮。

民國八十四年，陳水扁當選市長以後，因爲政治立場，爲了做秀，用「西松國中沙拉油桶事件」，把我整得傾家蕩產。媽媽在美國看到電視的報導，有一天打電話給我劈頭就問：「你公司是否倒閉了?是不是身敗名裂了?假如是這樣的話，我就永遠不回台灣了。」我回答媽媽這是政治迫害，對公司影響不大。她對我個人品德以及家族榮譽的要求，有如古人。後來經過很長時間的查證，才相信我是政治受害者，但是從此媽一直操心我的事業，一直到臨終的那一刻。

媽從美國回台灣，身體檢查，結果證實得了肺癌，而且已經到了末期，醫生說她大約只有半年的壽命，我們決定放棄引起痛苦的治療，結果，這幾年來她的精力依然旺盛，毫無病態，奇蹟發生在媽身上，又快樂地多活了三年，三年之間沒有任何病痛，連咳嗽都很少，但是癌細胞不停地蔓延，轉移到其他器官。當然，對媽我們隱瞞了病情，所以當她非常自信地說：「我的身體狀況可以活到一百二十歲。」的時候，我們聽了心如刀割。

今年農曆年後，媽跌了一跤，摔碎了髖骨，開刀後雖然很快痊癒，但是健康急轉直下，半年之內多次進出醫院。五月初因心肺功能衰竭住院，醫生在一個星期之內發出三次病危通知，但都轉危爲安，媽媽頑強地與死神搏鬥。媽後來自知不起，只要精神略好，就很吃力地跟我們講話，叫我們姐弟、兄妹和睦相處，叫孫兒輩努力工作，叫他們孝順父母。六月十三日下午七點六分辭世，距離她住院，與死神奮戰了整整一個月零三天，終於萬般不捨，離開了她熱愛的人世，離開了她關愛的親人。

媽媽生於民前二年，照中國算法，享年一百。

含淚泣述於民國九十七年六月十六日午夜

媽媽的長途電話

一九九四年，陳水扁當選台北市市長，選舉過程中，我瘋狂地投入，支持好友費鴻波的弟弟費鴻泰參選市議員，及市長參選人趙少康。我是信義區的眷村領袖，因為痛恨李登輝的背叛、民進黨的胡來，所以把全部希望放在新黨，結果趙少康落敗，陳水扁當選，那時我們公司承攬了不少市府工程，陳水扁視我們為眼中釘，我的警覺性又不夠，結果陳水扁用西松國中烏龍弊案，把我整得傾家蕩產。媽媽在洛杉磯看到電視報導後憂心不已，瞞著姐姐，偷偷地打了一個電話給我。

「之璋！聽說你的公司出事了，洛杉磯的報紙也登了，電視也播了，告訴我到底怎麼回事？公司還有沒有希望？你以後的生活怎麼辦？你是不是已經身敗名裂了？傾家蕩產了？假如已經身敗名裂了，告訴我，我從此就不回台灣了！」媽媽嗚咽地說。

「媽！妳放心，摔了個小跟斗，沒有身敗名裂，生活也還過得去，絕對沒給妳丟人，妳隨時可以回台灣。」

想到媽媽的話，心如刀割，我在電話裡說的一套，全部言不由衷。我自己的錢，加上親戚朋友的錢，一共二十多億，一生努力盡付東流。以一個外省人第二代而言，沒有祖產，沒有奧援，虧損二十多億，這些債一輩子都還不完，如何能再翻身？我可以騙媽媽，卻無法騙自己，輾轉反側，徹夜不能闔眼，媽的話對了一半，沒有身敗名裂，但已傾家蕩產。即使將來朋友不逼帳，但是銀行呢？在從商的二十多年裡，雖沒有太大的成就，倒也一直威風凜凜，假如以後的日子、工作的目的，只是爲了還債，假如以後的生活品質，淪爲勞工階級，假如有一天被朋友逼債……。我不知道將如何活下去，也不知道爲甚麼要活下去？要活下去，爲甚麼要活下去？最後我考慮自殺。終日掙扎在兩難之間，尤其想到有一天媽媽回台灣了，想到我的災難波及媽媽，心裡就一陣椎心之痛。媽媽已經九十歲了，一生好助人、好熱鬧、好面子，我的問題是濤天巨浪，誰也不能保證，會不會傷到媽媽。

前天聽妹妹說媽要回台灣，我在電話裡哀求，無論如何，要把媽媽暫時留在洛杉磯，妹妹說已經盡了全力，留不住了。媽知道我的事以後，就要立刻回台灣，就開始坐立不安，晚上吃了安眠藥也睡不好，常常喃喃自語。聽到這些消息，我不知多少次暗自流淚，天啊！媽已經九十歲了，爲甚麼要受這種折磨，老天何其殘忍！到台灣以後，媽靠孵豆芽、養雞把我們拉拔長大，才享了幾天的福，又要開始受罪，老天爺呀！你要是有眼，要是講道理，就讓她老人家在睡夢中走了吧！不必在人世間，分攤兒子的苦難，兒子可能從此沒有能力奉養媽媽了，平平靜靜地離開吧！讓媽媽離開這個骯髒的、醜陋的、不公不義的塵世。

以媽的慈祥、善良，應該活在一個無災無病的天堂。

結果，我的災難因爲許多好友的幫助，我熬過了，媽媽也活到一百高齡過世。

雁行折翼

大妹珊珊因爲只比我小一歲，所以從小我們感情最好。

珊珊是我們家來台五個孩子中，最漂亮的一個，因爲乖，所以特別得到父母的疼愛。姐姐常常跟同學宣傳，家有一個漂亮的妹妹，當時有一位美麗而氣質高雅的美國女星，名叫英格麗•褒曼，姐姐常跟同學說，她有一個妹妹像這位美國女星，結果很多次，姐姐請朋友到家裡吃飯，就是爲了讓同學來看妹妹，妹妹的美可見一般。她的美是綜合了父母的優點，這種情形其實並不多見。

妹妹不但漂亮，而且有一顆善良的心，一直到大學畢業，不停幫助班上比她窮困的同學。那時我們家並不寬裕，爸爸白天上班，晚上兼課；媽媽養雞、孵豆芽菜貼補家用。但是，妹妹總會碰到比我們家還困難得多的同學，只要妹妹回家一說，爸爸一定想盡辦法，幫助妹妹的同學，或幫忙學費，或把爸的補給（米、麵、油等），終年交給同學直接領取，妹妹有宗教家的情懷。

妹妹讀大學時交了一位男朋友，這位男生相貌堂堂，身材高大，可是學歷不好，高中畢業後即就業。爸媽堅決反對他們來往，媽媽多次惡言相向，爸爸也堅決反對，爸媽反對的唯一理由，是對方的學歷。

當時家裡雖窮，但是父母依然以書香世家自居，有很封建的貴族心態。最後妹妹與那位男朋友分手，她是孝順的女兒，沒有反抗的膽量。後來聽說那位男友人品很好，也很上進。我每次回憶到這件事，都有揪心之痛。

爸媽反對的理由，今天看來實在不通，但爸是民前十八年生的，媽是民前二年生的，他們的年齡，跟我們隔了不止一個世代，我不怨他們，但想到妹妹的委屈，至今猶覺心酸。

後來妹妹認識了一位董先生，是江蘇世家，祖父是軍界前輩，董本人大學畢業，任職政府機構，這次爸媽沒反對，他們很快就結婚了，夫妻非常恩愛，妹夫比妹妹大不少歲，對妹妹十分疼愛，婆婆跟妹妹相處很好。

未久妹妹懷孕了，兩家人都很高興，期盼著新生命的來臨。

有一天妹夫接到南投電話，婆婆生病了，婆婆在南投教書，當時交通不便，夫妻同時請假到南投探望婆婆。

大概是妹妹到南投後的第四天，爸爸在台北摔了一跤，骨折開刀住院，妹妹聽到消息，決定第二天跟妹夫回台北。當時南投的特產是水蜜桃，很貴，上市季很短，妹妹要買一盒桃子回家，給爸爸吃。妹夫騎摩托車帶妹妹上街，坐上後座以後，婆婆看有點小雨，就拿了把傘給妹妹，接過雨傘，在雙手開傘的那一瞬間，妹夫剛巧發動車子，妹妹雙手都在撐傘，重心不穩，向後摔倒，後腦著地，妹夫扶她起來，妹妹只說了一句：「好痛！」就沒有再醒來，那時妹妹二十六歲，身懷六個月的身孕。

我跟二妹趕到南投，到了醫院的太平間，看到妹妹冰冷的遺體，我一面大哭一面跺腳大罵：「老天爺沒眼呀！這種人會這樣死掉！」

在簡單辦完喪事以後，更痛苦的事，是如何告訴爸爸。爸那時身體很差，所有的老人病都有，大家決定暫時不說。

白天大家上班、上課還好，下班後面對爸爸，大家輪流講話、談事情、說笑話。那時我才知道，什麼是強顏歡笑。

爸爸終於起疑心了，因爲太久沒有妹妹的消息。我們騙爸，妹妹因爲胎兒發育不好，所以住院了，後來又說妹妹流產了。

實在瞞不下去了，我跟姐姐說，乾脆告訴爸爸算了，姐姐說她不敢，爸一向疼妹妹，妹妹又是那麼善良的人，連我們都受不了，爸爸怎麼受得了？「但是爸爸已經跟我說，妹妹一定是出了意外，別騙他了。」姐弟除了嘆氣，也拿不出具體辦法。

那一年，全家都在愁雲慘霧之中生活，每天都度日如年，白天在傷痛中偷偷流淚，有時躲到無人處大哭一場，晚上跟姐妹見面，互相假裝不再傷心，面對爸爸，個個成了演員，一年多的折磨、煎熬，每個人都身心俱疲，瀕臨崩潰，除了難過之外，都對妹妹的橫禍，充滿迷惑與憤怒，頗如孔子的心境，「斯人也而有斯疾」，天理何在呀！那麼善良的人。

一個禮拜天的早上，我晚起，爸在客廳，突然叫我：「之璋，過來！」語氣嚴肅，完全命令式：「妹妹埋在哪裡?帶我去，就是現在，別再瞞我了，大家都累了。」我只楞了幾秒鐘，回答爸：「好！我帶你去！」多年來，我一直佩服自己當時的反應，事情是不能再拖了，我勇敢地面對。

在去墓地的路上，我詳細向爸報告了妹去世的經過，爸一語不發，到了墓地，我扶著爸，爸拿著拐杖，看到了墓碑，突然站住，號啕大哭，聲震山林，並不停地用枴杖擊打地面，渾身顫抖。我扶著爸，一面搖著爸，一面說：「爸別傷心了，妹妹根本不是世人間凡人，她那麼善良，怎麼適合這個醜陋的人世，她到人世間走一趟，也許有特殊任務，任務完了，老天爺接她回去了，假如她活下去，也無法面對這醜惡的社會。」我想爸沒聽進我的一個字，我猛然發覺，話根本是講給自己聽的，最後我說：「爸，你要保重呀！你要是倒下去，媽怎麼過？」爸停止了哭泣，爸媽感情極好，也許這句話奏效了，爸又凝望了墓地一陣子，然後平靜地說：「回家吧！」

經此巨變，我跟姐妹之間，感情突然變得很好，大家對生命也有了新的體會，最意外的是，爸爸很快地恢復正常，四年後，因食道癌過世。

一直到爸去世多年，我回憶這段往事，驚覺爸在到妹妹墓上痛哭過一次後，再也沒去過妹妹的墓地，一直到死，都沒有再提過妹妹。一直到我飽經憂患，漸漸老去以後，才體會到爸爲了怕大家擔心他，所以把深沉的哀痛埋在心底，表面恢復正常，這不也是強顏歡笑嗎？

天哪！

台灣之子

我愛我兩個寶貝女兒，不是沒有原因的，她們除了聰明伶俐貼心以外，還有一個共同特色，那就是善良，善良可能是來自家族遺傳，但是在她們身上似乎發揚光大了，善良到了叫人心疼的地步。

有一天家裡的狗生病了，嘟嘟跟我說，要帶狗去看病，我隨口問了一句，要到哪裡看，嘟嘟說要帶牠到延吉街的一家獸醫院，我問爲什麼不到台大獸醫院，因爲以前我們家的狗生病，每次都到台大，設備好，醫生又不會亂敲竹槓。

嘟嘟說，她認得延吉街那個醫生，人很好。嘟嘟說有一次，她開車在路上，看到一隻流浪狗倒在血泊中，立刻停車，用一條大毛巾把狗包起來，送到最近的延吉街一家獸醫院，狗被利刃所傷，左胸有一道一英尺長的刀傷，縫了上百針，住了一個多月的醫院，出院後，又替流浪狗找到了一個很有愛心的主人。

最後嘟嘟跟我說：「爸爸，那個醫生心腸好，有愛心，只收我八千多塊，所以我們一定要去那家醫院。」

我聽了這句話心中一陣酸，想哭。半天說不出一句話，我心裡想：傻孩子呀！醫生只收八千多塊，令妳感動，得到妳的讚美，那妳呢？妳花了八千多塊，弄得渾身是血，去了多少趟獸醫院，流浪狗傷癒之後，又幫牠安頓新家、新主人，誰來誇妳呢？妳該受到什麼樣的鼓勵跟讚美呢？

嘟嘟，妳才是台灣之子，陳水扁，不配。

二、我的故事

錫爆

抗戰勝利後，我們住在南京中山北路，一直到四九年，共住了四年，在南京讀了一年小學。年齡雖小，卻有許多片段記憶。後來兩岸隔絕，「大陸」漸漸在台灣年輕人心中，蒙上了神秘色彩。隨著年歲增長，南京記憶愈發珍貴。

七歲離開南京，七十再遊南京，滄海桑田，能不令人感慨？

小時在南京，跟一堆小朋友玩在一起，我最小，可是跟著大孩子一塊兒，事事不落人後。

有一度，我常跟幾個大孩子到一間工廠，撿拾掉在地上的錫塊，到廚房把錫塊放在鐵勺子裡，放在火上加熱，一會兒工夫，錫塊會變成液體，把一勺子液體錫猛一倒，倒到一桶清水裡，錫會凝固成像太湖石一樣的奇形怪狀。每一次都不知道錫會變成什麼樣子，每一次都是驚喜。

有一次，我又跟一堆小朋友在廚房玩錫。我看到了一個洗衣服的搓板，前端有一方形凹槽，是放肥皂用的。我想假如把錫汁倒入凹槽，凝固後會變成方形錫塊。沒想到槽中有些積水，我把錫汁一倒進去，錫就爆炸了，不少錫汁黏到臉上，劇痛之下我用手去抓，許多皮也隨著已經凝固的錫塊，被扯下來了，我痛得昏倒在地。

醒來時已在醫院，雙手被紗布綁在床頭，因爲怕我抓臉，留下疤痕。幸好錫的熔點不高，燙傷的只是表皮，後來只有鼻子左側留下了一塊比綠豆略大的疤痕。

我童年的南京記憶，真是琳琅滿目。

馬老師

許多人都有美好的童年，長大後成爲一生的回憶，很多人都想：如果有來生，願意再一遍。我是少數的例外，童年苦多於樂，同樣身分、同樣經歷，再來一遍？我不幹。

尤其是來台後的讀書過程，充滿了挫折、屈辱。小學就讀「四四兵工廠附設子弟小學」，今天的信義國小，老師多屬河南、山東人，有退伍軍人，有退休公務員，也有師範畢業生，師資頗不整齊。有位馬晉封老師，山東人，身材高大，終年鐵青著臉，從來不笑，愛打學生，出手重，同學畏之如虎。後來馬老師成爲大畫家，曾任職故宮。

數十年後，我與老師再度相逢，老師容貌變化不大，但是已經毫無殺氣，文質彬彬，風度翩翩，後來，我與幾位時有往來的小學同學，與老師經常小聚。老師好酒、健談，我們變成忘年之交。

有一次我問老師：「當年你教我們的時候，爲什麼那麼凶狠？」

「你要我說實話嗎？」老師問。

「當然。」

「真正的原因是——你們倒楣，我當時是山東大學高材生，滿腹經綸，滿腔熱血，志比天高，沒想到共產黨來了，逃到台灣教小學，心裡一肚子委屈，於是把氣出到你們的頭上，『老師打你們是爲你們好』，鬼話！全是騙人的，我打你們是爲了出氣，算你們倒楣，哈哈！」馬老師說完大笑不止。我愣了半天，不知如何是好。

「來來，之璋，馬老師自罰一杯。」說完，老師乾了杯酒，也化解了尷尬的氣氛。

我就成長在那個時代，八年抗日，國共內戰，親國民黨軍民大遷徙，戰亂中的教育，戰亂中的童年，如今思之老師打人，學生挨打，小事兒。

馬老師承認打學生是爲了出氣，真不愧是山東漢子——敢作敢當！

安校長

我的童年不快樂，原因之一是安校長。

安校長是我的小學校長，是爸爸的老朋友，小時的記憶，安校長是大人物，長得方頭大耳，聲如洪鐘，常跟一堆河南籍立委國代到我家吃飯，照理說這種關係，安校長應該對我很好才對，但是不然，視我爲眼中釘，在學校，我動輒得咎，好多次因爲細故，被校長親自打手心，這還不說，校長還老在爸爸面前說我壞話，說我是全校調皮前三名，還自以爲幽默地說：「前三名都是河南人，咱河南人真露臉！」

爸在聽到安校長告狀以後，回家嚴厲地責問我，到底做了什麼壞事，聽到這種評語，當時我瞠目以對。媽懷我的時候，在洛陽防空洞外摔了一跤，我早產一個多月，所以自小體弱多病，比一般小朋友瘦小、沉默、自卑而不合群，但是功課不差，根本不算壞學生。安校長如此說我，簡直是誣陷，何以如此，令我迷惑。

有一天家裡請客，高朋滿座，我們小朋友上不了枱面，在廚房吃飽後到客廳偷聽大人講話，姊姊妹妹們無此興趣，我卻樂此不疲，雖然除了有故事性的內容外許多話題我都聽不懂。那天不知爲何，話題突然轉到我頭上，安校長說：「旭如，你要分出一點精神管管你的孩子，光靠學校不行，何況很多老師知道咱的關係，不敢管他。」爸爸有些尷尬地說：「我的孩子就是你的孩子，你不管誰管？我絕不護短，有錯就盡量打，打死絕不讓你負責。」

我聽了他們的對話，又怕、又氣、又羞愧，急忙逃出家門，在外徘徊了幾個小時不敢回家，生怕客人走了爸爸修理我，遊蕩到半夜，回家時爸已睡覺，第二天也沒提起這件事，好幾天以後，才確定爸爸不會再提這件事，心裡大石頭才放下。

一直到小學畢業，我都搞不清楚，自己是好學生還是壞學生，安校長對我的態度始終是個謎。

安校長省吃儉用，聽說退休後存了一筆可觀的棺材本，原本可以安度晚年，但是臨老入花叢，娶了一個年齡相差很大的女性，後來在人財兩失之下中風去世。

初中以後，我真正變成了壞學生，逃學、打架、抽煙、喝酒、退學。警察局少年組列管，爸爸跟我的關係快速惡化，常用一條很粗的籐手杖打我，我開始對爸爸冷戰，近十年之久。

一直到大學快畢業，我對文史產生興趣，才赫然發現爸爸之博學，簡直像一部活字典。爸爸從我提出的問題，也發現我是個讀書的料，父子關係開始變化，不但恢復父子之情，而且增添了師徒關係。爸爸博聞強記，五經之外，連史記、通鑑的精彩篇章，都能整段背出。爸的治學態度非常科學，對經史有很多獨到的見解。

我大學畢業五年後，爸爸八十歲過世。我跟爸爸學習的時間不到八年，但是這八年奠定了我一生做人為學的基礎。

我跟爸爸多次像兄弟、師徒一般長談，有一次我問：「安校長跟你什麼關係？」「你爲啥問這個問題？」「安校長在我小時候，多次因小事揍我，又常在你面前說我壞話，到底爲什麼？」我問爸爸。爸爸聽了哈哈大笑，告訴我一個天大的祕密。

抗戰期間，爸爸在河南做行政督察專員兼縱隊司令，安校長是爸爸轄區的縣長，當時，地方自治官員都是身兼武職，也負守土責任。一九三八年日軍進攻河南，安縣長棄職潛逃，不知所終，後被通緝在案。勝利後，安縣長出現，找到一批當年的老長官替他作證：因爲重病，又因縣城淪陷，交通阻絕等理由，要求免於處分，後經長官查證，安縣長實因怕死潛逃，並無降敵、犯罪等情事，許多長官，包括省主席，都替安縣長作證具保，他因此免受處分。這是一段不光彩的往事，在台灣知道的人不超過十個，爸是其中之一。

「其實我們知情的人，到台灣後誰也沒有提過這件事。戰亂期間，什麼事都有，文官負責守土，本就不太合理。安校長對你另眼相看，也許是這個原因吧?安校長去世多年，你又長大了，我才說給你聽，不可對任何你的小學同學說。」

坦白說，當時我聽了這個故事，腦海一陣混亂，以當時的年齡，我根本無法消化這個問題。戰亂流離，許多大人物擠在一個小島上，在當時，小學校長是很威風的工作，李敖女朋友王尙勤的爸爸，在大陸做過行政督察專員，來台後也做小學校長。

爸爸跟我講這陳年往事時，我已經三十歲了，如今爸爸也逝世四十多年了，雖然安校長對我「另眼相看」，使我的童年更爲灰暗，但是怨恨早已淡去。

董道明老師

我在樹林中學讀了一學期，因為打架而被退學，後透過媽媽的一位小同鄉，時任教育局督學的樊景周先生安排，以插班生的名義，就讀市立大同中學高一下學期，只讀了半年。因學校改制，省立中學只辦高中，市立中學只辦初中，把市立中學的學生，一律轉到省立中學就讀。所以我從高二開始，就變成師大附中的學生了。

一直到今天，建中、附中都還是最好的學校。當年以我的成績，連做夢都不敢夢到我會讀師大附中。我永遠忘不了聽了這消息有多興奮。尤其是爸媽，突然變得笑口常開。我發覺，在家裡的地位提高了，左鄰右舍的長輩們都替我高興。

我們大同中學一共有五班轉到師大附中，附中考慮到，我們這五班學生的學業成績較差，所以利用那年的暑假，強迫我們每天上午到學校補習。師大附中是一個很自由的學校（**聽說至今仍是如此**），幾乎沒有門禁。有一天我跟陳國強同學借腳踏車（**陳是我小學同學**），想騎車到校外買東西。

當時腳踏車是學生主要交通工具。每個學校都有腳踏車專門停放處，會派人管理。停車時取一車牌，牌上有號碼，管理員也會在車上掛上一個相同號碼的牌子，取車時憑號碼牌取車。何以那麼麻煩，因爲當時是奢侈品，這樣做可能是爲了防止偷車。

當時台灣有很多英國車，一種牌子是飛利浦，另一種是三槍牌，也有國產車，好像叫飛虎牌。英國車車身輕，騎起來也輕快。國產車笨重，踩起來吃力又跑不快。當年爲什麼滿街的英國車，據說是政府海軍在台灣海峽，擄獲了一艘蘇聯貨船。那條船裝滿了英國腳踏車被政府沒收，所以當年滿街都是。

那天我騎了同學陳國強的腳踏車，到校外買了東西，回來還車的時候，我發覺騎錯車了，陳的是三槍牌英國車，而我騎了一部台產飛虎牌的車子。結果被停車管理員發覺，那位山東籍的管理員劈頭就問：「你幾年、幾班的？你叫什麼名子？」

「你問我這些幹什麼？」

「我要報訓導處，說你企圖偷竊。」

「你在開玩笑嗎？我要是偷車，爲什麼要還回來？我自己的車是英國車，爲什麼換一部國產車？」我急忙辯解。我知道我有兩次退學，兩次被少年組處分前科。到了訓導處，絕對有理說不清。

「有理爲什麼怕去訓導處？有理到訓導處去講呀！」

「你有神經病嗎？你以爲學生都是好欺負的嗎？」我的憤怒到了極限。

「好小子！你敢恐嚇我？」

爭執不久，訓導主任來了，他外號「人皮」，這個外號據說有「人面獸心」的意思。

到了訓導處，主任問了幾句話，就讓我走了。我鬆了一口氣，以爲過關了，其實沒有。

就在那一天的深夜，學校寄了封限時專送，內容是「貴子弟在校發生重大事故，請家長明天到訓導處一談。」信是姐姐收到的，我說明原委，姐姐比我大五歲，從小品學兼優，膽識過人，常常以家長身分出面幫我解決糾紛。那時老爸身體非常不好，我就拜託姐姐瞞著老爸，明天到校一談。

姐姐在訓導處跟主任談了一個小時以上，據理力爭，主任堅持我的行爲是「偷竊未遂」。

「不對！假如要偷車，爲什麼還要還回來？我弟弟頑皮，我承認，但是他不會偷東西，身爲訓導主任，不可誣陷同學。」

幾句話反覆地說了許多遍，最後訓導主任不耐煩地說：「學校不會冤枉同學，如何處分，校方自有考量，妳請回去吧！」

「主任！你是辦教育的，不要仗勢欺人，你敢開除我弟弟，我就到蔣主任那邊告你，不信你試試看！」姐姐聲色俱厲地丟下狠話，同時對我說：「走！好好去上你的課，有理就不要怕！」

姐姐口中的蔣主任，就是指蔣經國，他那時在救國團工作。

大約是兩個禮拜後，我接到了學校通知，以「恐嚇教職員」的名義，被「留校查看」處分。留校查看的規定，是再犯任何小錯就退學。

整個事情是冤枉的，以「恐嚇教職員」的名義被處以留校查看，也是很荒唐的事，但是保住了學籍，我已經謝天謝地了。

多年後我才知道，沒被退學，導師董道明起了關鍵作用，聽說附中的傳統是開除學生一定要導師同意，導師不同意，學校不可以開除。董老師為我的事，到訓導處力爭。

沒有正式開學之前，我已經被留校查看，所以每天戰戰兢兢地上課。我也常常警告自己，要謹言慎行，不能再出差錯。以附中的升學率，我是有機會考取大學的。當年的外省人，最好的出路是讀大學、出國。外省人沒有資金，沒有田地，做生意沒外省人的分。

沒想到再戒慎恐懼也沒用，高三又發生了一件冤案，學校又要開除我，經過董老師跟訓導處力爭的結果，我以「污辱教官」的罪名再度被留校查看一次。我可能是附中有史以來，唯一兩次留校查看而沒有被退學的學生。

除了留校查看的待罪之身，令我每天心驚膽戰之外，不能跟太保學生、幫派分子完全斷絕來往，更令我終日忐忑不安。在巨大的憂懼之中，我終於病了，得了類似燥鬱症之類的病。

經過理性的思考，我發覺在學校每分鐘都有被退學的風險，而且無法專心準備大學聯考的功課。最後我大膽的向董老師提出一個要求，不到學校上課，在家裡自修。因為在學校不但無法念書，而且精神問題也會惡化。

董老師很專心地聽我講完話，然後凝視我長達一分鐘之久。我想他教了一輩子書，可能沒碰過這種學生，終於他開口了。

「武之璋！我相信你不會騙我，可是你每個禮拜要來兩次，週一朝會你要來參加，每個禮拜輪到你掃地的時候，要來掃地。」

從那天開始，我就沒到學校上課。每個禮拜到學校兩次，參加周會跟掃地。每天我把自己囚禁在姐夫朋友公司的一個小房間，不跟任何同學、朋友見面，強迫唸十五個小時的書。每天晚上十二點檢討，一天讀書時間，沒讀夠十五個小時，補足才睡覺。三個月後聯考放榜，我考取了大學，也改變了我一生的命運。

董老師兩度對抗訓導處，不同意學校開除我，又破格讓我不必到學校上課，不算我曠課，讓我在家自修，對我真是恩重如山。此外，董老師上課認真、生動，也使我對歷史產生了興趣。商場退休以後，變成一個專業歷史研究者。董老師是影響我一生的恩師，我越老越感激他，越老越懷念他。這些年，每當研究史學有點心得，或者有新書出版的時候，就會想到董老師，希望他能看到我的書。想讓他知道，當年他相信，一個學校幾度要開除的壞學生是對的，這個壞學生沒有騙他，這個壞學生後來真的變好了，後來真的認真在家讀書，考取大學。晚年追隨老師的腳步成爲一個史學研究者。

後記：本文曾發表於本人部落格，曾在網路流傳，有一天半夜接到美國長途電話，董老師的兒子打給我，他說他爸爸還記得我這個學生，他說看了我的文章很感動，時間太快了，算來這通電話已經是十年前的事了。

我的一九四九年

一直到開放大陸探親之前，我對大陸的記憶，一直是我受朋友尊敬的重要原因。一九四九年我七歲，正在南京讀小學一年級，爸爸帶著我們，從南京跟著政府往南遷，途中經過嘉興，停留了幾個月，媽在嘉興生小妹燕燕。後來舉家到廣州，乘中興輪來台。

南京、嘉興許多片段的回憶，成就了我在同學、玩伴中的地位，雖然都是零碎的，說不出所以然的場景，但很珍貴，因爲發生的地點在大陸——一個神秘又恐怖的地方，那時大陸被宣傳成人間地獄，更值錢的是我都親身經歷，不是書上說的，也不是大人說的，而我只是一個七歲小孩，這些經歷對本省同學而言，是天方夜譚。

到了高中，台灣基本上已經安定，四九年逃難的經過，以及來台後的窮困，爸媽對共產黨的恐懼，又成了我跟同學吹牛的重要材料。神氣的原因，是我談這些往事的時候，同學只有聽的份，如果有疑問，那我就更神氣了，因爲我的回答沒有人敢說不對。

我的早熟與好學深思，可能與我童年的逃難經驗有關。

當這些零碎的記憶，變成歷史的素材，給我帶來的不再是得意，而是長期的深沉的思索，無邊的疑惑。

「萬一共產黨來了，我的病又還沒好，你一定要幫我走到海邊，用大石頭綁在我身上，把我推下海去，我的屍首都不能讓共產黨找到。」「你們全都要改名換姓。」有一天夜裡，我被媽媽的哭泣聲驚醒，斷斷續續的聽到爸媽的對話。坦白說，當時不覺得太可怕，因爲我不懂他們說些什麼，更不懂萬一共產黨來，爲什麼爸非死不可。一直到我讀大學，我問爸媽才瞭解了當時他們對話的心情，原來準備自殺的還包括二姑——爸的二妹，因爲二姑在河南，曾經參與爸爸及兩位叔叔的反共戰爭，她也被列爲戰犯，被俘慘遭酷刑，要她供出武器埋藏地點，後來隻身逃到廣州，跟我們一起到台灣，在中華民國退出聯合國後得憂鬱症，幾個月不能吃不能睡，最後定居美國夏威夷的姐姐，把二姑接到夏威夷，二姑後來因胰臟癌病逝。一個知識水準不高的河南婦女，千里迢迢拋夫棄子，隻身跟著哥哥逃到台灣，聽說台灣退出聯合國就嚇得半死，什麼樣的深仇大恨，讓一個鄉下老太太怕到這種地步？讓爸爸在病榻前交代媽媽，死後屍首要沉到大海裡？

一九四九年到台灣不久，爸爸病倒了，住了一年的醫院，出院後在一個軍中三級單位服務，薪水微薄，靠孵豆芽菜、養雞、教書，把我們拉拔長大，窮困時間長達十餘年，我大學畢業不久，爸爸因食道癌過世。

鄧小平改革開放後，姐姐透過國務院，找到三個哥哥的下落，大哥在重慶，二哥在長春，三哥在寶雞。我到重慶跟三個哥哥聚會，才瞭解大陸家人的情況，兩位叔叔因反革命罪，在河南老家被鎮壓，大哥講到這段有些激動，我忙把話岔開，不敢細問是怎麼死的，槍斃？還是亂棍打死？二哥三哥也勸大哥不必講細節。二叔逃亡期間，在大哥家住了一夜，後來大哥因窩藏反革命罪被判五年，三個哥哥三反、五反、文革，都沒躲得過，卻幸而活了下來。

我回台灣後，常與哥哥們聯絡，大哥又活了十多年，以八十五歲高齡去世；二哥曾到香港、台灣、美國探親旅遊。

一九四九年不但是一幅流民圖，而且是千古之謎，誰也說不清楚，到底發生了哪些事，爲什麼會發生那些事。

中興輪

民國三十八年——一九四九年，像一個魔咒，是許多外省人不堪回首的集體印記，記憶裡一幕、一幕，盡是悲劇。

三十八年，小腳媽媽帶著我們姊弟妹五人，從南京逃到廣州與爸爸會合。一路上常常露宿街頭，屋簷下、公園，廣場都是人，多半一家老小圍成一堆，有的就地燒飯，有的和衣而臥，當時我大約七歲。媽帶著我們，手忙腳亂，夾著行李，被推擠上了火車，人太擠，天太熱，悶得想吐。有時候全家坐在火車頂上，火車經過山洞或橋樑，長笛一鳴，大家都要趴下，否則可能被撞，從車頂跌下去，當時我一點都不知道害怕，只覺得好玩。

到了廣州，立刻跟爸爸會合，我一直好奇，在人山人海的上海，媽媽如何立刻找到爸爸？爸爸費了九牛二虎之力，買到了台灣的船票，船名叫太平輪。我們卻沒上太平輪，當然以我當時的年齡，不可能知道原因，因爲那是大人的事。

多年後，爸媽告訴我，爸的一個祕書，是潛伏在身邊的共產黨，一再跟媽講：「台灣人野蠻，仇視外省人」、「台灣物價太高，買米要用黃金」、「台灣物資缺乏，吃香蕉皮」。媽媽聽信了謠言，不願意到台灣，爸媽不斷爭吵，結果誤了太平輪。最後，我們是坐上中興輪到台灣，上了中興輪，我就出麻疹，船上的乘客說我得了天花，要把我丟到海裡，以免傳染別人，爸爸跟幾個老部下，拿著手槍輪流保護我，一直到下船爲止，這一段經歷早已在記憶中消失，是後來聽大人講的。

從基隆下船，大人忙著辦入境手續、搬行李，我在碼頭上，看到左一堆右一群的小朋友在玩耍。入境手續辦好以後，我們全家連同行李，坐上一部大軍車，一路顛簸，塵土飛揚，到了瑞芳，住進一幢三層樓的小洋房。車上我跟媽說：「台灣小孩好可憐。」「爲什麼？」媽問。「我在碼頭看了半天，那麼多的小孩沒有一個人穿鞋。」真的，當時台灣小朋友很少人穿鞋。

到了瑞芳，發覺跟南京大不同，瑞芳當年還是鄉下小鎮，家裡沒有抽水馬桶，只有茅坑，坑下除了屎就是蛆，萬頭攢動，令人頭皮發麻。天氣燠熱，終日汗流浹背，三天後滿身痱子，奇癢無比，蚊子不分晝夜攻擊，無處可逃，大人真奇怪，好好的南京不住，爲什麼搬到荒郊野外，我暗自叫苦。

我在南京讀過小學一年級，到了瑞芳，還是讀小學一年級，全校只有兩個外省人：我跟我姐姐。姐姐是女生還好，我慘了，全班男生打一個外省「阿山」，苦也！好好的南京不住，爲什麼要到台灣？台灣是個落後、貧窮、野蠻的地方。大人有毛病，爲什麼搬到這裡？

半年後我學會了台語，交了不少台灣小朋友，瑞芳的村郊野趣、鳥語花香，是南京所沒有的。想不到我很快就愛上了瑞芳。

兒時來台的經過，在記憶中封塵五十多年，兒時的台灣、瑞芳，是陌生的異鄉，沒想到我會在異鄉娶妻生子，不知何時起，異鄉早已變成故鄉！

我是貴族！

當年的東區是鄉下，除了幾個兵工廠、眷村之外，都是農田、稻田、菜園、花圃，小河縱橫交錯，是個鳥語花香的村郊。那麼大的一個區域，一般都叫三張犁，範圍包括了今天整個信義區，及一部份松山區，當時在一般人，尤其學生心目中頗有名氣，因爲靠近今日松仁路的山坡上有一個靶場，當時北部的高中生都要受軍訓，有實彈射擊這個項目，松仁路的靶場是北部唯一的，所以三張犁雖然是窮鄉僻壤，卻無人不知，此外三張犁盛產流氓，早期的小山東、小金寶、十三傑、後來的海盜幫，在江湖上都頗有名氣。

三張犁的四四兵工廠，是中華民國政府遷台後最大的兵工廠，有三個大眷村，一個小眷村，西村位於今天光復南路與基隆路間，南村位於今天世貿、信義區公所對面，此外還有一個小眷村，只有十戶人家，是日本人蓋的房子，我們住在一間佔地頗大的日本房子，父親在巷口用木板釘了個牌子「四四寄廬」，時間久了，「四四寄廬」甚至被官方承認，因爲不少人寫信，地址只寫三張犁「四四寄廬」，我們都收到。

我的貧苦童年就在四四寄廬度過，那時我們一家八口，五個學生，父親在兵工廠上班，晚上在學校兼課，媽媽在院子裡養雞補貼家用，平時可以溫飽，到了開學時候，就要借債繳交學費，曾經有一段時間，每學期五個學生要繳一萬多元的學費，繳清學費，每個月連本帶利還錢，錢還完沒幾天又開學了，又要借錢。後來媽媽告訴我，舉債繳交學費時間長達十年之久，直到姐姐大學畢業。

二十多年後，有一天一位好友臨時約我吃飯，說要請幾位貴賓，要我做陪客。那天剛好沒事，我就應約前往，席上都是熟人，主客遲到很久，主人立刻先上幾個冷盤，我們邊吃邊等。

後來主客進門，主人立刻起身相迎，我一看竟是凌峰——小學同學、兒時玩伴，那時我們讀的小學叫「四四兵工廠子弟小學」，也就是今天的信義國小。以後我經商，凌峰在演藝界打出一片天地，算算我們有二十多年不見了。

凌峰一見了我，不理主人，馬上向前跟我熱情擁抱，同時跟主人講：「這是我們一起長大的老哥，有老哥在我不能坐首席，首席給老哥坐，我跟老哥換位子。」一陣推讓之後，我就跟凌峰並坐首席。

坐定之後，主人問：「你們完全不一路的人，怎麼會從小一起長大？」

「你們都不知道，我們讀四四兵工廠子弟小學，從小又玩在一起，同是三張犁兄弟，不過我們之間有點不同，我們家是工人階段，老哥家是貴族；我們家住大眷村，老哥家住獨門獨院大房子。」

我聽了大為驚訝，原來有人把我看成「貴族」，「凌峰，你知道嗎？我們住的房子是公家的。我們念書的時候，因為學費每年負債，長達十幾年之久。」

「沒錯，可是你知道，我們住的房子，幾乎家家都蓋了閣樓，晚上睡覺用樓梯上閣樓，閣樓只有床，連坐起來的高度都沒有。你忘了我讀中學就踏三輪車賺錢。」

「我當然記得，那時你個子矮，你坐在三輪車上，腳就夠不到踏板，所以你踏三輪車，永遠是站著。」

那一天喝得很痛快，不但老友重逢，而且那時凌峰早已紅透海峽兩岸，早已是大人物，居然如此念舊，對我如此尊重，令我十分感動，我想這就是眷村文化的倫理傳統。什麼是眷村文化？除了貧窮、苦困之外，就是中國文化的縮影。

當年西村多半是軍官，而南村多半是工人、士兵階級，東村建得較晚，軍官、工人都有；東村就是今天的台北醫學大學。

當年除了少數軍官配到日本房子外，村子多是木結構，甚至用竹編泥牆間隔者，非常簡陋。後來每家人口漸多，先在院子加蓋違建，後來再蓋閣樓，房子與房子之間通道愈變愈小。房子蓋得如此簡陋，因爲大家以爲只住一年半載就回大陸了，沒想到一住就四、五十年，當年的西村就是今天的忠駝國宅，南村也改建成國宅，在世貿對面，東村遷到青年公園的國宅。

滄海桑田，當年的郊區，如今高樓林立。當年兵工廠的所在地，現在有世貿中心、君悅飯店、一〇一等等。

我一直認爲，我們家來台灣之後，變成窮苦家庭，而我是窮人家的孩子，我對「窮」有太多不堪回首的記憶，「窮」使我一直到大學，都不敢交女朋友，即使女方主動，我也逃之夭夭，沒想到凌峰居然視我們家爲貴族，真好笑。可是跟凌峰一比，我們家確實好多了，至少房子還算寬敞，至少爸爸還能借到學費，不用我們半工半讀。

「窮」是當年三張犁眷村子弟的共同記憶，但是左鄰右舍有親如家人的情誼，村郊野趣、爬山、游泳、釣魚、彈弓射鳥等等．也是我們回憶中的珍寶。

英雄不論出身低，當年窮得有集體自卑感的眷村子弟，居然出了不少人物，有博士、教授、商界大亨、市議員、立法委員、甚至有兩位上將。

十多年前凌峰媽媽過世，喪禮上一位老大哥，帶著三十多個凌峰的小學同學、兒時玩伴，包括我在內，行跪拜禮，凌峰交遊廣闊，參加喪禮的黑白兩道大人物很多。一位黑道大哥驚訝地問我：「你們三張犁兄弟爲什麼感情那麼好？」

「因爲窮。」我說：「你沒聽過窮人家的兄弟特別友愛，窮人家的孩子特別孝順？」

窮是我一生最不堪的回憶，沒想到凌峰居然以爲我們家是貴族，一直到今天，凌峰還是不相信我們家「外強中乾」，不相信我們家爲學費舉債達十餘年之久，哈哈！好個貴族！

翡翠戒指賣不掉

嚴格講，台灣好像從來沒有出現過太子黨，當年台灣大官多半教子甚嚴，家裡多半很窮，即使有錢也要裝窮，因為兩蔣都厭惡貪汙，蔣經國表弟貪汙，尚且被判無期徒刑，所以終兩蔣時代，貪汙之風不算太嚴重。

官二代除了占政府點小便宜，打架滋事從輕發落外，並沒有太大的特權。

有位老友父親曾是方面大員，在大陸過了很多年的少爺生活，來台後雖然是沒落王孫，但是很多生活習慣不改，尤其對錢，毫無概念，常把老爸給的學費一天花完，東窗事發挨一頓打後，老爸再給一次學費。

有一天他約了狐群狗黨出去玩，見面以後，他從口袋掏出一個戒指，叫我們陪他去賣。

我們約五六個，陪他到衡陽路的銀樓去賣戒指。

「這是寶石嗎？值多少錢？」有人問。

「當然是寶石，叫翡翠，很值錢的。」那是我第一次聽到翡翠這個字。

到了一家銀樓，老闆拿了戒指反覆看了半天，又在燈下照了又照，最後問「你們要賣多少錢？」

這一問問得大家面面相覷，老闆面帶詭異地看著我們。

「五百塊！」少爺鼓足了勇氣說，「五百？」老闆搖搖頭，把戒指還給他。

「那你出多少？」老闆又搖搖頭，把眼光轉向別處不再理我們。

當年五百元差不多是一個公務員半個月的薪水，不是筆小錢，老闆態度很怪，似乎不是嫌貴，但是爲什麼不願意出個價。「東西可能是假的，不如到另一個銀樓鑑定真假，再決定賣多少錢。」

大家一起到另外一家銀樓請老闆鑑定。「這是上等翡翠，顏色好，又透又沒缺點，坦白說值不少錢！」

「那我賣你，你出多少？」

老闆用偵探般的眼神，把每個人從頭到腳打量一遍，笑著說：「至少值兩萬塊，可是我不會買。」

我們一聽兩萬，個個嚇得手足無措。天哪！兩萬塊在當時可以買一幢房子了。

「小朋友！戒指是拿家裡的對不對？」老闆很顧我們的面子，故意用「拿」而不用「偷」。

「小朋友，以後不要拿那麼貴的東西，便宜點的我敢買，太貴的誰也不敢買，會出事的。」

「出什麼事？」

「你家長會報警的！哈！哈！」

我們狼狽的離開銀樓，最後少爺把口袋中所有的錢都掏出來，每人喝了碗酸梅湯，解散回家。

至於戒指呢？最後幾番思量，少爺把好不容易偷來的戒指又還回去了。

幾十年後的一次老友聚會，有人提到這件往事，大家笑得前仰後翻。

「你們知道那戒指的最後下落嗎？」大家搖頭。

「最後姐姐出嫁的時候，老媽把它當嫁妝送給姐姐了。每次看到姐姐帶那個戒指，我就想笑。」

嘻笑聲中我一算，賣戒指是高二的事，今天大家都年過七十，不少人已退休。真是少年子弟江湖老，令人感慨，繼而一想人生如夢，今天老友相聚笑談四十多年趣事，幸事也！樂事也！

「來！爲你老姐乾一杯！不乾的是孫子！」

夢迴附中

我常主動的告訴新朋友：「我是師大附中畢業的。」每次說的時候，語氣充滿驕傲。但是我很少主動提到，是哪個大學畢業的，更盡量不提我一共讀了四個學校，轉學、退學達六次之多的往事。爲什麼呢？因爲附中至今還是令人引以爲榮的好學校。

附中全名「師範大學附屬中學」。當時公立高中是聯合招生的，第一志願是省立建國中學，附中排第二，當然一直到今天，都有人把附中列爲第一志願。因爲建中學業成績略高一些，但是比較不重視體育及其他課外活動；附中則不然，很重視體育，而且鼓勵學生參加各種社團活動。此外，當年附中老師也很特殊，一部分是師範大學畢業生，他們年輕，教學認真。還有很多老師來自大陸，不少還是北大畢業生。他們學養深厚，同時對學生尊重，鼓勵學生獨立思考，頗有北大遺風。

當時還在蔣介石「反共抗俄」的時代，很多學校還會體罰學生，一個高中有北大遺風，是多難得的事。我高一讀樹林中學，只讀了一學期，便因爲打架及偷甘蔗而被退學了。高一下「轉進」大同中學，大同中學從校長到老師，很多人是受日本教育長大的，整個學校日本味兒很濃，經常聽到老師用日語交談，偶爾會聽到「八加鴨鹿」之類的日語。到學校沒幾天，訓導主任陳嘉雄找我談話，開門見山說，我紀錄不好，但是他不會故意找我麻煩，勉勵我安分守紀好好唸書，並且說：「你有一個了不起的爸爸，你在台灣是獨子，爸爸對你期望很高，不要讓他失望。」陳主任個性豪邁、爽直，有江湖味兒。但令我感到奇怪的是，他好像對我家的情形有些瞭解。若干年後我才知道，爸爸去找陳主任談過話，要求對我嚴加管教，必要時可以體罰。

有一天下課，聽一位同學說，因爲學制改變，省辦高中，市辦初中，我們下學期（高二）要到師大附中就讀。我聽了哈哈大笑，我說：「你想上附中想瘋了，天下會有如此好事？」真的有如此好事，我真的成爲師大附中的學生了，真是前世修來的，不知道偷笑過多少次。同時，我勉勵自己，警告自己，好好把握這個機會，好好唸書考取大學。現在回憶起來，對許多外省子弟而言，考取大學直如古代中舉同樣，令家人、好友振奮，真有光宗耀祖的效果。除了因爲外省人在台灣出路狹窄之外，考取大學意味有機會出國。出國又意味萬一台灣不保，「共匪」來了，有人在國外，可以保留家族不致全遭迫害，當然也有不少人希望出國，遠離台灣的「白色恐怖」。

兩年附中生活，在驚濤駭浪中度過，終於我畢業了，也考取大學了。三十年後同學郭利男（**外號克立痛，止痛藥名**）召集同學會，在一家餐廳聚餐，我很興奮的應邀前往。到了餐廳一個大房間，推門一看，席開三桌，用眼睛掃了一遍，常見面的不超過十個人，大多數都是三十年不見。看了一眼以後，裝出一臉狐疑的樣子，然後轉身離去。

「你去哪裡呀！你不認得我嗎？」

「你遲到了！趕快找位子坐下。」

「不對！我來參加高中同學會，怎麼坐了一屋子老頭子？」我一本正經地說。

「別不要臉了！我們是老頭！你以爲你年輕？」

「你看你頭髮，已經白了三分之一了。」一陣哄鬧之後，我坐下了，因爲遲到，先罰三杯。

那一夜我們不但開懷暢飲，而且談到當年暑假賣冰紅茶的山東老頭，回憶起「西部」（老師綽號）高大的身影，地理老師師生戀的傳聞。雖然歲月無情，在每一個人的臉上刻下了痕跡，但是大家似乎都回到了那段流金歲月。兩年的附中生活，雖然比一般同學「不正常」，但是老師對學生的尊重，鼓勵學生自由研究、獨立思考等，對我一生的人格有巨大的影響。我永遠以附中生爲榮，也永遠感念那些沒有放棄我的恩師。

討毛救國運動

在國共兩黨青年競相投向革命洪流的年代，我趕上了一點尾巴，而且參加了一次「討毛救國運動」，算來那是五十多年前的事了。

大學二年級的暑假，我們到成功嶺（位於台中山丘的一個訓練基地）受了三個月的軍訓。訓練內容比照一般士兵，陸軍操典、武器使用、體能訓練、單兵作戰等。三個月的訓練課程緊湊，要求嚴格，十分辛苦。

可是我不以爲苦，爸爸是老革命，我自幼就是聽抗日剿匪故事長大的，台灣又處在一個革命氣氛很濃的「反共抗俄」時代。我是忠黨愛國的的革命青年，到部隊受訓，有點如魚得水般的興奮。

在成功嶺，肉體很勞累，但是精神卻非常振奮。我認真學習，不偷懶，不摸魚。尤其在唱軍歌的時候激昂慷慨，充滿了革命情懷。

有一天連上突然駛來一部中型吉普，車停後，下來幾個軍官，其中一位是中校。連長眼尖，大吼一聲「立正！」全連官兵就地立正。連長向長官報告全連官兵人數，自我介紹後，中校手中拿出了一張紙，笑容可掬地說：「我點到名的同學上車到司令部，班主任召見。」

班主任姓王，名字已忘了，操北方口音，有京腔，談吐高雅。一身筆挺的軍裝，肩上一顆星星，令人感到不怒而威。我想此乃書上說的「儒將」乎？

班主任說話的大意是，台灣經過二十年的生聚教訓，國軍日漸精實壯大，大陸天怒人怨，反攻大陸的時機已經成熟。

結論是由我們十幾個人發起「討毛救國運動」，喚起知識分子反共愛國熱誠。上面調查過我們家世很好，思想純正，可以做青年的榜樣。最後問同不同意，我們當然欣然同意。

接下來一連串的活動，包括寫文宣、開會、接受記者訪問。著實熱鬧了好一陣子。

好笑的是，所有節目及內容都是安排好的，我們只是傀儡，或者是道具。連踴躍簽名都是先擺好姿態，再照相，照片第二天出現各大報。

現在回憶那真是一場鬧劇，可是那一陣子好像中了邪似的，整天感覺像在騰雲駕霧，走路虎虎生風，不可一世，真的像老革命似的。

那一陣子成了連上的特權分子，長官對我們說話特別溫柔。出操休息的時候，我們抽煙，長官也假裝沒看到。我們沒事使個眼色，就跟連長撒個謊，說我們要去「開會」，連長不敢多問，其實溜到福利社吃冰去了。

出了一陣鋒頭，享受了一下子特權。結訓了，回到學校，做一個平凡的學生，一切沒變。唯一的不同，我對「革命」打了個大問號。

樹林中學偷甘蔗

樹林中學是我一生中最灰暗的日子，當時與文山中學齊名，都屬台北縣立高中，校風不好，升學率低，是學生不得已的選擇。

初中畢業那年，我沒考取公立學校聯合召生（**簡稱聯考**），走投無路，就去考樹林中學，結果考取了。

那時到樹林非常不方便，要先坐公車到台北車站，再坐火車到樹林，下了車還要走二十多分鐘的路，所以每天五點鐘就要起床。

上課第三天，訓導主任就找我單獨談話，主任姓劉，自稱情報工作出身，談話大意是，你的過去（**大概指退學以及少年組記錄**）學校既往不咎，但是以後可別調皮搗蛋，否則如何如何。我當然賭咒發誓要好好念書，不會再惹事生非。

沒想到訓導主任找我談話後沒幾天，我又打架了。回憶當時的情境，真是渾渾噩噩，腦子裡裝滿了火藥，隨時會爆炸，也像是得了被迫害妄想症，動輒奮起反抗，我真的不知道自己在做什麼？

學校給我留校查看的處分，我也決定不跟壞同學往來，甚至有一陣子，每天坐第一班火車上學，第一個到教室，比同學約早一個小時，一個人在教室背英文。

我從小喜歡體操，單槓、雙槓、木馬都有點基礎，參加了學校的體操隊（那時叫技巧隊）。那年學校讓我們參加校慶表演，所以常常上課期間集訓，集訓不上課，算公假。

校慶的前一天一大早集訓，反覆練習到下午三點多，體育老師宣布，校內休假，不必上課，可是不准回家。

那時學校沒有圍牆，我們一隊約七個人，就朝學校後面大片田野信步前進。走到一個甘蔗園，大家都很興奮，很多人都是第一次在田埂看到甘蔗，甘蔗比人還高，種得很密。有人跳到田埂，二話不說就想折甘蔗。我看了急忙阻止：「拜託！拜託！甘蔗那麼便宜，爲了偷甘蔗萬一出事划不來，何況我已經留校查看了。」

最後同學接受我的勸告，沒人去碰甘蔗。我們繼續在田埂小徑漫無目標的走著走著，看到了一條小溪，那時台灣的小溪都很美，水乾淨，常常可以看到水底石間魚鱗翻滾，我們踩著溪邊石頭跳躍前進。

突然看到前面不遠小石橋邊，有一大堆甘蔗，橫七豎八，躺在溪邊的碎石頭上。

「老武！你看，你不准咱們偷甘蔗，結果天上掉下來甘蔗給我們吃。」

說著大家一哄而上，接著我也分了一段。甘蔗還沒送到嘴裡，就聽到哨音大作，「別跑！別跑！」我們被幾個員警跟老百姓包圍了。等我們回過神來，發覺身上佩戴的救國團名牌，已經被員警抓在手裡了。

「請問員警先生，我們犯了什麼法？」我憋著一肚子氣問員警。

「老百姓控告你們偷甘蔗。」

「這裡離甘蔗園那麼遠！你們爲什麼在這裡抓人？」

「你們根本是設陷阱誣賴人，不要臉，抓不到小偷抓我們頂罪。」我們你一句我一句地抗議著。

「你們少嚕嗦！有理到派出所去講。」

到了派出所，抓我們的警員對一個看來像所長的員警說：「現行犯，他們還挺硬！看來不打不行！拿手銬來，銬起來打。」

聽了這話，大家頓時嚇得面無人色。

「要刑求？除非把我們七個人都打死！有一個人活著我們就告你。」我鼓足了勇氣說。

「告我？怕你告還當員警？過來，過來，你爸爸是幹什麼的？」說話的員警一臉凶狠地走過來，作勢要打人，我不由自主地退了兩步。

「你們什麼學校的？樹林中學？大名鼎鼎，專產太保太妹，把台北縣的臉都丟光了。」

「排隊！排隊！站好！站好！」我們七個人排成一列，看來像所長的員警開始問話：「你姓什麼？叫什麼名字？你爸爸做什麼的？」

當第一位徐姓同學告訴員警，他爸爸在總統府做局長的時候，員警的臉色變了。問第二個同學，他說爸爸是陸軍中將的時候，所長臉上堆滿了笑臉。不再問下去了。

「坐！坐！坐下聊，坐下聊。」所長指著一排沙發請我們坐下。

「唉呀！你們父親都是社會上有身分有地位的人，做事要小心一點。」

我們再三說明沒有偷甘蔗，我甚至還把甘蔗折斷處已經有皺紋來證明，甘蔗早已折斷，不是新折斷的，甘蔗是撿來的。

員警不聽我們解釋，反而問同來的蔗農，要不要和解。我立刻抗議：「和解什麼？我們又沒有偷甘蔗。」

「要賠，賠多少？」有一位同學問。

「我一共被偷了一千多斤甘蔗，爲了防止偷甘蔗，我僱了五個工人，前後共花了不少錢。」

「假如我拿到賠償，會拿出一部分錢給員警加菜，也會替派出所換一套沙發。」蔗農算了半天，算出一個上萬元台幣的天文數字。當時甘蔗非常便宜，五毛錢可以買約六十公分長度的甘蔗，半天也吃不完。整個故事根本是個圈套，我們非常憤怒，心目中主持正義的員警，純樸的老百姓，居然如此下流，設個圈套誣賴我們，老百姓居然當我們的面賄賂員警。

「你們到底接不接受和解？不接受我們可要移送法院了。」

我們面面相覷，沒有法律常識，不知如何回應。

這時突然發覺劉主任到了。劉主任自我介紹以後，所長說：「樹林中學辦得非常成功，是我們台北縣的光榮，這件小事，只要雙方肯和解，我們警方沒有意見。」

在派出所的某些細節已經忘了，最後訓導主任把我們帶回學校，幾天以後每個人都接到通知，都以「妨害校譽」的理由被退學。至於賠償的事，好像不了了之。

接到退學之前，我們聚會過一次，記得有這樣的對話。

「死皮條！真他媽的不要臉，這樣擺道整人，窮瘋了，想出這種方式整人，半夜丟顆手榴彈，把這些王八蛋都炸死算了！」

「我要跟我爸爸講，叫我爸跟警務處處長講，把所長關起來。」

「那天半夜我們帶武士刀來，把所有的甘蔗都砍倒。」

結果退學以後，我們什麼都沒有做。我只記得七個人中有一個叫「小五」的住南機場，有一位同學叫甘成章。

偷芭樂

似乎是高二的那個暑假，大毛弄了把鳥槍，可以連續摺疊槍身打氣二十次，有效射程超過五十碼。小四、饅頭、小朱我們五、六個人，常到今天的象山附近打鳥。除了鳥槍我們會帶一大堆武器，刺刀、卡賓刀、日本武士刀等，每人都帶一件武器。那時我們在混太保，出門帶武器本來就是習慣，何況上山，帶刀可以砍個竹子之類的。

那天我們一群人帶了刀、槍，打了幾隻麻雀、白頭翁等小鳥，走著走著發現了一個果園，樹上結滿了芭樂，大夥一看欣喜若狂，嚷著要去採。我對「偷」有點膽怯，說你們進去，我在外面，就拿了鳥槍把風。

約等了三分鐘光景，突然聽到一陣吵鬧之聲，接著看到大夥慌忙逃跑，同時聽到有人用閩南語，大叫「幹你娘！賽你娘！」我正想跑，再一想，身爲大哥不能先跑，何況重武器鳥槍在我手上。於是停下來，回頭一看，發現一位老先生，穿著一襲夏布長衫，用手把長衫撂起來，成了一個小兜兜，裡面放了一堆小石頭，老頭大概是芭樂園的主人，一面叫罵，一面用石頭砸人。老頭跑不快，石頭也丟不遠，丟不準，其實是傷不到人的。後來，我跟著最後一個人一起逃跑，沒想到老頭窮追不捨，我們一行人手持刀槍倉皇而逃，一個老頭子在後追趕，那畫面十分好笑，後來我們也忍不住邊跑邊笑。跑著跑著，突然聽到山坡上傳來笑聲，我們抬頭一看，發現有一群阿兵哥在做工事。

「還跑，還跑，早就沒人追你們了，跑什麼跑？」

我們回頭一看，老頭果然不見了，接著阿兵哥跟我們笑成一團。

一群少年帶著刀、槍，被一個老頭追得滿山亂跑的畫面，經常在記憶的銀幕上浮現。早年想到這件事只是好笑，現在想到心情有些沉重，因爲台灣已經變了，我常想假如這件事發生在今天，老頭敢不敢追打這群有武器的年輕人是個問題，假如追了，這群人會不會傷害這個老頭更是問題。

想到這兒，令我不寒而慄，還好這事是發生在六十多年前。

師生戀

自從「外省人」變成一個專有名詞，甚至在某些人口中，是帶有嘲諷的專有名詞，我就不自覺地想到，一些發生在「外省人」這群人之間特有的故事，許多故事的情節，一度幾乎在記憶中消失，但是「民進黨之亂」，許多半調子御用學者，群起參與篡改中國近代史，曲解台灣近代史以後，外省人特有的故事，在記憶中又鮮活起來。

跟每個人一樣，讀大學是我生命中一件重要的事，中學對我而言，是一段苦難的歷程，初中、高中的記憶只有老師的斥責、記過、補考、退學、插班以及父親的藤條，漫長的中學沒有任何快樂或光榮。除了無趣而沉重的功課，在反共抗俄時代，制式教育之下對一個叛逆青年而言，在思想上也被壓迫得像籠中之鳥老是想飛。到了大學，籠子打開了，思想解放了，海闊天空了，我瘋狂地看書，看我喜歡的書，而對於本科「法文」，只有在考前兩天才會去碰它。

我們的教授有神父、修女、有退休的外交官、有中國人、法國人、比利時人，形形色色，頗不整齊，回想起來，也見證了那個時代，台灣發展高等教育的一段崎嶇過程。

老師之中有一位美女，她姓傅，教什麼課，我使勁地想，可一直想不起來。我只記得第一次聽她的課，看到她第一眼，我就想到張愛玲，瓜子臉、大眼睛、身材苗條、說話有京腔、略帶鼻音，整個人像水一般的柔美，像張愛玲，又像極張愛玲筆下嫻靜、細緻的中國美女，非常樸素的打扮，講課節奏流暢、如吟詩、如歌唱。

一直到今天，五十多年後的今天，我才敢承認，我是一見鐘情了，她對我也似乎特別注意，在課堂上常常把我叫起來問問題，下課時我默默地計算，今天在課堂上，她一共看了我幾眼，默默地享受暗戀的滋味，幻想著、期待著一場轟轟烈烈的師生戀。

一學期很快過去了，盡管幻想的內容一天比一天甜美，一天比一天豐富，但始終什麼事都沒有發生。下學期的某一天，我跟幾個同學在草地上吹牛，看到老師從遠處的長廊走來，我第一次在課堂以外那麼仔細看看她，發覺她眉頭深鎖，滿臉哀愁，我先是一驚，又立刻覺得心疼不已。是身體不適嗎？是家裡有事嗎？從那天起，我發覺在課堂上，老師也經常出現這種表情，但是時間不長，通常只有幾秒鐘的工夫，她就會努力使自己恢復淡淡的微笑，但我老覺得她的微笑不自然，像裝出來的。

我的單戀更嚴重、更複雜了，因爲多了許多好奇，多了許多憐惜。

有一天下課，我在走廊上迎面看到老師跟一位微胖、禿頭的男人走在一塊兒，手牽手，肩靠肩，老師笑得非常開心，我心頭一震，只覺得全身冰冷，正想躲，可是已經來不及了，「武之璋！」她停下來笑著說：「這是我先生，這是我班上成績最好的同學，他書讀很多。」

「我常聽她說起你，她教書多年，你是她認爲少數好學深思的同學。」

多年後我努力回憶，當時的情景，只記得我想逃，只記得我像木頭一樣站在那兒，她的先生年齡比她大很多，容貌平凡，但也氣質出眾，談吐高雅，很像後來我認識的張繼高。

後來我多次看到，他們夫妻在校園漫步。有一次天空下著毛毛細雨，他撐著一把傘，她歪著頭依偎在他的肩上，狀極幸福，但是在她獨行的時候，或在課堂上講課節奏稍慢的時候，哀愁經常浮現在臉上。

至於我對老師的「愛」，在跟他們夫妻短短幾分鐘的對話後漸漸消失，因為我每想到，老師落落大方地跟我介紹，她先生優雅的談吐，以及我手足無措、作賊心虛的慌亂，猛然醒悟，我只不過是個「小孩子」，跟他們根本不是同一個世界的人，雖然還是很欣賞老師特殊高雅、溫順的中國女性美，喜歡聽她如歌唱般的聲音，但更多的是好奇，尤其是跟她先生的年齡問題，如此美麗的女子，為何嫁給年齡可以做她父親的男人？為什麼老師臉上總是掛著濃濃的哀愁？

答案在十幾年後，有一次參加朋友的餐會，無意間碰到我在校的助教，這時他已升為副教授，彼此都還記得，酒過三巡，我忍不住問他：「傅老師還在學校教書嗎？」「早就不教了。」他說我畢業後沒多久，他們夫妻一起到美國去了，以後就沒有消息，最後他還問我，你知道他們的故事嗎？我說不知道，他帶點酒意，神祕兮兮地把我拉到餐桌旁邊的沙發上，講了一段故事。

「民國三十八年大陸淪陷，有一對夫婦帶著妹妹逃到台灣，父母家人都陷大陸，妹妹北大肄業，夫婦學歷都很高，在台很快找到工作，夫婦兩人工作，妹妹繼續未完學業，三人相依為命，多年後姐姐發覺丈夫跟妹妹相愛，三人經過痛苦掙扎，漫長的協商，妹妹數度自殺以求解脫，姊姊願意退讓成全妹妹，丈夫跟妹妹都無法接受姊姊的美意，最後姊姊去當修女，妹妹嫁給姊夫。故事中的妹妹就是傅老師，傅老師的姊夫就是她後來的先生。」

我不難想像，在那個封閉的年代，一個秀外慧中的才女，處在一個近代中國的大變局裡，他們都只不過是滔天巨浪中的小小水滴，不經意地被打到了台灣，三人同舟一命，歷經劫難，日久生情在所難免。對姊姊而言，橫刀奪愛者竟是自己的親妹妹，對傅老師而言，搶了姊姊的丈夫，怪不得美麗的臉上永遠有一抹散不去的哀愁，他們心頭的愧疚、自責，直如千斤重擔，在有生之年，他們都會背著罪惡的十字架，即使逃到美國。他們的細節我不清楚，結局我也不知道，但是忘不了傅老師的美麗與哀愁。

假如不是逃難，假如不是內戰，他們可能永遠不會到台灣，假如不到台灣，以傅老師的條件，在學校肯定是校花，愛慕者、追求者肯定如過江之鯽。

這又是一段外省人的故事，我老覺得這個故事有點淒美、有點茫然，更令我有無法言喻的難過。

流亡學生

我七歲到台灣，從小學一直到大學，都在蔣介石時代，對學生而言，那絕不是個好年頭。當時社會沉悶、停滯，政府全部力量投入「反攻大陸」。學生念書目的是爲了升學，終極目標是出國留學，表面上是爲了深造，骨子裡是想逃離台灣。

在那種氛圍之下，好學生是天之驕子，功課不好就會被視爲壞學生，一做了壞學生就是個屁。爹不疼、娘不愛，連自己都嫌。

於是許多功課不好的學生，從好勇鬥狠中找到自己的尊嚴，在那個時代，社會叫這群人「不良少年」，或叫「太保」。

太保在五零年代開始氾濫，開始變成社會問題。對於這個問題，我以過來人的身分，提出一點看法，以爲將來研究者參考。

除了當時大環境，影響教育無法多元化，學生除了死讀書，無法贏得起碼的尊嚴外，還有兩個被忽略的原因。其一、當年本省年輕人有聚眾鬥毆、排外、欺生等惡習，外省孩子，尤其是眷村子弟，起而對抗，漸漸形成幫派。其二、外省小孩尤其是軍人子弟，從小就聽長輩談抗日剿匪的故事，英雄崇拜成了遺傳基因，行俠仗義變成理所當然的事。

那是一股洪流，我也捲入其中，載浮載沉了好一陣子。

初中到高中畢業，我讀了七年，五個學校，一再被退學，原因都是打架。雖然被列爲壞學生，長達七年的中學生活，在充滿羞辱、憂愁、自卑中度過，但是回憶那段日子，除了抽煙、喝酒、逃學、打架之外，實在沒做過什麼壞事，不但如此，更因爲家教嚴，自己愛讀書又愛思考，所以比一般壞孩子更有所不爲，後來跟他們漸行漸遠。

到了高二以後基本上脫隊了，我的同伴後來有被殺死的，有因殺人而被判重刑的，有考軍校而貴爲將軍的，考取大學的比較少，那個時候大學錄取率只有百分之十，實在難考。

我在師大附中畢業以後，考取淡江文理學院（今淡江大學）外文系。大學四年，學校功課驚險過關，但是在讀書、思考的天地間，猶如脫韁之馬，任意奔馳，上下古今無不涉獵，雖然有些學問一知半解，如邏輯學、語意學，但是培養了好讀書的興趣，而且打算以做學問爲終身志業。

大學畢業以後，本來打算考歷史研究所繼續讀書，沒想到天不從人願，在我服預備軍官役，即將退伍的前兩個月，父親突然中風，那時他已公職退休，三個妹妹還在念書，家裡只有他在大學兼課一份收入，不能教書，就只有靠姐姐一個人在救國團的薪水，無論再省也是不夠的。

於是我放棄了繼續讀書的念頭，朋友幫忙在一家出版社，找到了一個月薪三千台幣的工作。

第一天到公司報到，主管跟我談過話，安排了座位以後，剛坐定，我突然發覺有一個小房間，坐了一位初中老師，姓名已不記得，但記得外號叫「禮義廉」。我一看到他，心頭一震，第一個反應是

「糟糕！真倒楣！」，他獨坐一個小房間，顯然是主管，他知道我的過去，不整我才怪！

我想起十年前的一段往事，那年我被留校查看，等於被判「死緩」，再犯一個小過就要退學，那年暑假被爸禁足在家，有一天「禮義廉」老師到家裡，爸把我支開，他鬼鬼崇崇地跟爸小聲談話，他走了以後，爸把我狠打一頓。他跟爸講，他透過調查局，截取了我跟壞朋友往來的三封信，信中內容是幫派糾紛，爸看了信，說是我的筆跡沒錯。這件事在我心中一直是個謎，當時他對外宣稱，是調查局的線民，**（多年後我找調查局主管查證，他根本不是）**，但是調查局吃撐了，不去辨匪諜，而來關心我們這幾個小太保。

繼而一想，我可能多心了，老師畢竟是老師，何況他又是父親好友的晚輩，多重關係不致整我吧！何況真金不怕火煉，畢竟我也大學畢業了，怕什麼？

於是我鼓足勇氣走到他房間，看到門口掛了一個牌子「經理室」，原來他是這家公司的經理。

「老師好！」

「你！你！你！怎麼是你，你來做什麼？」老師看到我，顯然有些錯愕。

「朋友介紹我來工作，請老師多指導！」

「沒問題！沒問題！好好幹，有我，爸爸媽媽好吧？」

我鬆了口氣，心想我以小人之心，度君子之腹，何況那是小孩子的事了，他不會那麼無聊的，沒想到我錯了。

第二天上班，主管冷冷的看我一眼就走了，「禮義廉」經理不在，我坐定以後，發現整個辦公室氣氛詭異，每個人三不五時，眼光會瞟我一下，甚至有人看著我交頭接耳。

「武先生，你電話。」奇怪第二天上班，怎麼會有人打電話給我，電話中聽到，介紹我來上班那位同學的聲音。

「我在樓下，你抽屜如果有自己的東西，也一起帶下來好了。」我下樓後，他拿了一個薪水袋交給我說：「這是你一天的薪水，你怎麼得罪那位經理？他爲什麼說你壞話？」

「他說我什麼壞話？」其實我心裡有數。

「他說你是流氓，我知道你混過小太保，但不是流氓，那是小時候的事了，爲什麼？」

「唉，命該如此，謝謝你爸的好意。」我心中十分混亂，只想到報復，想殺掉他。怪不得他外號叫「禮義廉」，果然無恥。

經過很長時間的天人交戰，我強壓自己的憤怒，找各種理由原諒他。雖然我沒採取任何報復行動，但是到今天提起此事，心裏還會一陣噁心。

這件事引起了爸爸朋友的公憤，立法委員李雅仙老伯出面，邀張建邦、倪文亞等重量級大老共同推薦，把我硬塞到「中華貿易開發公司」工作，那是一家半官方的大公司。我在那家公司做了四年，等於又拿了一張文憑，從此走上經商之路。

「禮義廉」是流亡學生，我後來在商場上，又認識了很多流亡學生，發現他們有很多共同特色如多疑、小器、不通人情世故、工心計等。

我不懂「禮義廉」爲什麼害我，一直到爸爸過世的前兩年，有一次跟爸爸聊天，我問到這件事，爸沉思了一會兒，說：「可能因爲他追你姐姐，姐姐沒給他好臉色。」

我聽了啞然失笑，姐姐當年品學兼優，長得又漂亮，追她的人有如過江之鯽，他想追我姐姐，是癩蛤蟆想吃天鵝肉。多年後我回憶這段往事，認爲除了追不上我姐姐惱羞成怒外，還有向公司老闆表態効忠的意思吧。

我對流亡學生那個世代的人，心存卑視，敬而遠之，一直到從商場退休，才發現我錯得多離譜。流亡學生有非常特殊的歷史背景，他們是國共鬥爭的受害者，大多數遠離家園，隻身到台，舉目無親，沒錢，沒工作，但多數人半工半讀完成學業，是台灣建設發展的主力。他們中間，有學者，有政治家，有將軍，有企業家，是建設台灣的功臣。流亡學生之有成就者：國防部長孫震、中研院院士張玉法、于宗先、小說家張放、編劇家趙琦彬、政大前校長歐陽勛、東吳大學前校長楊其銑、政大新聞系教授李瞻、台大文學院前院長朱炎、警政署前署長顏世錫、盧毓鈞等。

我的經驗狹隘，以偏概全，這件事給我一個重要的啓示，研究歷史，個人經驗是靠不住的。

我對流亡學生的觀察，也許有幾分是對的，但是要知道，流亡學生受大環境影響，沒有享受過正常家庭生活，遷徙流離，性格特別是合理的，但是我們應該瞭解，他們當年背負的苦難，以及堅苦卓絕的志節，更不該忘記，他們對台灣巨大的貢獻。

我的軍旅生涯

兩蔣時代，大學畢業的男生要服預備軍官役。大二那年暑假，到成功嶺——台中的一個訓練基地，受三個月的軍訓，大學畢業分發到各部隊，以少尉的軍階服役一年。

受訓很嚴、很苦，下部隊如果到前線，金門、馬祖或海軍陸戰隊更苦。所以當時有很多人動用人事關係，安排到機關，上下班，輕鬆愉快而沒有風險。

我不但不怕吃苦，而且想到前線，因爲相信孟子的話：「天將降大任於斯人也，必先苦其心志，勞其筋骨。」，何況父親是國民黨老黨員，忠黨愛國是理所當然的事。

大三那年暑假，我被分發到通信兵學校，受了三個月訓練。學科包括氣象學、電學、無線電載波等，真是天文地理無所不包。上了三個月的課，胖了好幾公斤，因爲每堂課不到十分鐘就睡著了。

結業的時候，術科是無線電操作。輪到我的時候，面對一台比我還高的機器，面對幾十個按鍵，一堆英文字母，發了半天呆。我想第一個鍵一定是「on」，結果找了半天，找不到，心想拖下去也不是辦法，後來選了一個較大的鍵旋轉了一下。教官慌忙大叫一聲：「好了！好了！算你過關，別把機器弄壞了。」

大學畢業，分到嘉義第八軍通信營無線電連，實際上因爲專業訓練不足，所以並不負責任何有關通訊業務，在連上只是打雜。

第八軍軍部在嘉義近郊的山仔頂，在山半腰。通信營更高些，接近蘭潭。蘭潭原來就是座高山湖，四面環山，修了水壩以後可以發電。湖光山色，鳥語花香，風景絕佳。

在連上認識了許多老兵，來自大江南北，每一個人都是一個故事，每一個故事都是悲劇。

我喜歡聽老兵說故事，內容千奇百怪，對往事有懷念，有傷感，有憤怒，但是很少抱怨。因爲他們大多數跟共產黨交過手，很多人目睹過共產黨的凶殘，國民黨不好，但是沒人會選擇共產黨，當年的士氣還算旺盛。

服役期間，只有在當值日官的時候感覺像個軍人。因爲那時要負責早、晚點名集合，可以像個領導似的，對一百多人大吼大叫，感覺像個將軍發號施令，威風八面。

退伍前幾個月，調到台南白河。白河有一個老的基地，很多陸戰隊、特種部隊都在這裡受訓。我到白河的前一個月，聽說有一個充員兵（**服兵役的士兵，有別於大陸來台的職業軍人**），站衛兵時舉槍自殺，所以基地氣氛特別嚴肅。

有一天黃昏，我接到嘉義通信營轉來的電報，是姐姐發來的，只有幾個字「父中風速歸」。我憂心如焚，立刻向部隊請假。

白河是鄉下，沒車可回台北，最近的大鎭（**已忘了地名**）離白河還不近，後來我跑了一個半小時，到了那個大鎭，坐公路局車子到嘉義，再從嘉義坐火車回台北。

父親的病不嚴重，但是那時已無公職，收入只靠在大學兼課。身體一垮，就只靠姐姐一分薪水，那時三個妹妹還在念書，因此我就斷了繼續念書，甚至出國深造的念頭。

三個月後退伍，我就這樣結束了平凡無奇的軍旅生涯。

一夜白頭

台灣當年的官二代，最普遍的惡行是混太保，俗稱不良少年。

當年台灣還沒有完全法治化，沒有少年犯罪相關法令，大官子弟打架滋事，多半從輕發落，這也是早期許多外省幫派如四海幫、竹聯幫所以壯大的原因。

但是回顧當年的不良少年幫派，所做所爲實在談不上犯罪，聚眾結幫打架，一方面抵抗本省人欺負，一方面滿足少年的英雄慾望。

但是外省家庭多半家教很嚴，不容兒子繼續學壞，有的大義滅親，有的把孩子送到軍校，大多數的不良少年最終都會改邪歸正，這批人幾十年後，分別在不同領域中皆有成就。

十多年前有一次老友聚會，談到年輕時的英雄往事，無不豪氣干雲，不可一世。酒酣耳熱之後，一位大哥級的老友突然說：「吹牛最怕碰到老鄰居，自己人還有什麼好吹的，你們的英雄事蹟，有的我已經聽過一百遍了，我提議咱們輪流說說過去的窩囊事，那才有意思。」

這個提議立刻通過，於是輪流談過去的糗事。有人談失戀的痛苦，有人談被爸爸毒打的慘狀，有人談被圍毆的狼狽場景。

有一位老友複姓賀連，曾是虎盟幫成員，後來改邪歸正，輔仁大學畢業，後經商致富，他的經驗非常特殊。

初中畢業考不上聯考，連北市較好的私立學校也考不上，後來被父親逼著，去考台北近郊新莊的私立恆毅中學，是教會學校，管教很嚴。賀連沒考取，但不敢對老爸講又落榜了。父親一問，他就騙父親「備取」，父親一聽備取非常興奮，跟兒子說「放心好了，我賣老面子，一定把你塞進恆毅中學，但是你一定要好好念書。」

賀連聽了心中一涼想完了完了，怎麼收場。後來賀連老爸打聽到，校長跟一位河南籍國大代表李安是好友，於是特別拜託李安，李很夠朋友，親自帶了賀連老爸去見校長，校長立刻答應，並當場交代教務主任，通知賀連來校註冊。

爸爸興高彩烈地回家向兒子說好消息，第二天就拿錢給兒子註冊，當天晚上賀連通宵失眠，他沒膽量告訴爸，他根本沒考取，連備取也沒有。

學費幾天就花完了，每天背著書包上學，開始有錢也可以看場電影什麼的，後來沒錢了只能在街上亂走，走累了到公園睡覺。好不容易混了一天，回家還要編故事，回應老爸詢問關於學校的情況。

「那不是人過的日子，我甚至想到自殺。」

「每天晚上失眠，好不容易天亮了，但是看到太陽就愁上心頭。」

「不到一個禮拜，我發覺已經有不少白頭髮，那時我才十六歲。」話沒說完大家已笑翻天。

「後來呢？後來你怎麼下台？爸爸怎麼知道的？」有人迫不及待的問。

「後來老爸無意間發現，書包中的書都是初中課本。走頭無路了我只好招供，老爸說了一句：老臉都叫你丟光了，說完就一頓好打。坦白講，皮肉在痛，心理快樂無比，幾乎笑出來，我解脫啦，哈！哈！哈！」到現在提起幾十年前的往事，還笑得如此開心。

大家都是過來人，都能體會賀連當年的痛苦，也都能理解賀連挨打時爲什麼想笑。

懷信疆，哭信鄧

我認識高信鄧的時候，彼此都不到三十歲。我們因爲生意而相識，相見之下，發覺臭味相投，一見如故，有一次互問籍貫，發覺都是河南人，信鄧的國語比我還標準，帶了點京腔，我貿然問他：「你會河南話嗎？」他立刻用河南話回答我：「我的河南話說地通好著咧！」我聽了大笑，信鄧河南話不但標準，而且用了一個很土的「通好著咧！」河南人習慣用語通，這證明了信鄧的河南土話真的很土。

那時我在一家大公司做紡織貿易，職務是業務員，階級很低，信鄧在太古輪船公司，也做業務。開始我們公司外銷紡織品，都用太古公司的船出口，當時台灣的紡織品，大多控制在日本人手裡，信鄧的父親在抗日戰爭中殉職，我父親抗日期間，在河南前線與日軍戰鬥多年，兩人都有仇日情結，於是經常聯合作戰。信鄧以職務之便，蒐集日商情報，我根據各種情資，向公司建議，爭奪日人在台灣的紡織控制權。初生之犢不畏虎，加上長官信賴，居然搶了不少日本人生意，於是兩人經常以慶功宴之名，花天酒地應酬自己，那時兩人都年輕，精力無窮，又有交際費可用，在一起著實過了幾年荒唐歲月。

不久我跟信鄧先後結婚，兩人都收斂了許多，我太太跟信鄧太太阿咪也立刻成了好朋友，後來二哥信疆夫婦加入，我們成了通家之好，經常一起郊遊一起聚餐，信鄧健談，信疆是名嘴，一起吃飯高談闊論，四鄰側目。

當時我們都好酒，而且都有酒量，且都愛烈酒，酒興一上來，上下古今雲山霧罩，無法停止。每次都是老婆苦勸，或者翻臉，才能散席。

有一度我們沉迷麻雀，經常禮拜六下午開打，打到禮拜天天亮，那時禮拜六還上半天班，禮拜天中午小睡一下，就帶著媽媽、妹妹、老婆跟兩個小孩出去郊遊，那時年輕，體力真好。

後來我自己創業，由紡織轉向建設、營造、出口等等，發展頗為順利。開始因為業務需要，接觸一些財經理論，後來對經濟學發生興趣，常寫財經文章，並參與政府財經討論，非常忙碌。

這時信鄧也與友人成立七洋船務公司，業務蒸蒸日上，大約有十年的時間，我們比較少見面，但是交情如故。

高媽媽有四個兒子，個個爭氣，個個孝順，高媽媽每年生日，四兄弟及媳婦、孫子、孫女，都會在來來飯店為她慶生，每年我都參加，桌上我是唯一非高家的人，一方面，因為我跟高家兄弟每個人都熟，另一方面，高媽媽喜歡我。高媽媽性格隨和，笑口常開，一見我常說：「之璋，聽說你麻將打地好，那天教教我打麻將」，「妳是老麻將了，怎麼還要我教？」我問。「我也不知道為啥，去年木（沒）贏過一回。」「木（沒）關係，兒子們有錢輸就輸罷！」，「那可不中，老輸錢多丟人！」

我跟高媽媽對話，常引得旁觀者大笑不止。

在政治信仰上，在文化認同上，我跟信鄧一樣，都屬於「驕傲的外省人」第二代，我們立場鮮明驕傲的外省人主張統一，以中國人爲榮，以做河南人爲傲，我們都以父親當年抗日的事蹟，視爲家族的光榮，同時對台灣社會也充滿了熱愛，在台灣經濟發展過程中，也都是參與者，都有愛恨分明、嫉惡如仇的北方人性格。

李登輝背叛國民黨，對我們造成很大的震撼，我倆不約而同地參加新黨，參加反李登輝、反民進黨的行列。

新黨全盛時期，我們默默出錢出力，做無名小卒；新黨沒落以後，我們站在第一線做新黨的義工，信鄧跟我在新黨地下電台主持「中原雙雄」節目，評時政、評台灣文化亂象，對李登輝、陳水扁更是火力全開。同時，也替馬英九拉票，馬英九當選，我們欣喜若狂。

沒多久，我們看出了馬英九懦弱、鄉愿的真面目，又毫不留情，檢討馬的作爲。新黨電台屢被取締之後，終於關門停播，但是民進黨上百家的地下電台，依然每天造謠生事，製造動亂、賣假藥而無人聞問。信鄧跟我對此忿忿不平，而無可奈何。

九五年陳水扁市長任內，我受政治迫害，公司破產，至此一蹶不振，心情惡劣至極，信鄧是少數可以訴苦的朋友。沒想到我還沒緩過氣，信鄧的事業也開始走下坡，未久七洋結束營業。

近年來，我與信鄧也曾多方嘗試，企圖東山再起，但一直不順利，後來我決心棄商治學，信鄧又努力了幾年，終無所成。信鄧近年每爲糖尿病所苦，對於台灣政治空氣，更是愁悶不已。

信鄧有兩個女兒，均移民在美，老大小名小咪，是我的乾女兒，從小漂亮、聰明，在美學業、事業均有成就，女兒知道老爸在台灣過得不快樂，早就叫他赴美長住，信鄧猶豫久之。我知道，信鄧愛台灣，捨不得離開，最近信鄧告訴我，要接受女兒的安排，赴美長住，我聽了，心中替他高興。

少年子弟江湖老，信鄧老矣！身體衰老，精神也不快樂，脫離這個傷心地，到美國含飴弄孫，安享晚年吧！

沒想到二十二號下午，在羽毛球場打球，接到老賈的電話，得知信鄧因爲摔跤，腦震盪過去了。我立刻打電話給阿咪，才知道信鄧二十一號晚上摔跤顱內出血，二十二號凌晨四點多過世。

信鄧有一顆善良的心，多年來做兒童燒燙傷基金會董事長，從事社會公益活動，經常出國開會、奔走、募款，任勞任怨，甘之如飴，斯人竟有斯禍？

我跟信疆也是好友，信疆才華橫溢，成名甚早，前幾年飽受癌症折磨而去，信疆病中，我多次要去看他，信鄧一直阻止我，說他已瘦到不成人形，氣若游絲，也不願見人，結果我一直沒有見信疆最後一面，但是我也不以爲憾，因爲信疆在我記憶中，永遠是雄姿英發，風流典雅。信疆去世後，被譽爲「紙上風雲第一人」，當之無愧，沒想到信鄧卻也突然走了。

高家的歷史，見證了中國人近代的苦難。民國二十七年，花園口決堤，黃泛區達數萬平方公里，災民無數，一直到民國三十三年，河南淪陷，黃泛區阻敵達六年之久。黃河決堤是北伐期間，德國軍事顧問法肯豪森將軍對蔣介石的建議，國民黨對決堤早有計畫，事先安排百姓撤離、救濟，並且成立山西、陝西、新疆新屯墾區，撥地、發農具、安頓災民。信鄧的父親時任新疆屯墾局長，後來執行公務時，因公殉職。高家在河南是望族，但因高伯伯殉國，高媽媽帶著孩子，先逃日本人，後來又躲共產黨，從此顛沛流離，一路跟隨政府到台灣。

當年到台灣的外省人，生活都很窮困，但是像高家如此困難卻不多見，高媽媽一個人拉拔四個兒子，每個人都大學畢業，信鄧每言及高媽媽供養他們念書的情景，就忍不住流淚。曾經有一次，在一個餐會上，碰到信鄧的大學同學，也就是我的好友王榮滇，說到在大學讀書的時候，上課了沒看到信鄧，下課後回學生宿舍，看到信鄧躺在床上，因爲一天沒吃飯了，餓得無力下床，王榮滇立刻到福利社買了一些麵包、牛奶。

信鄧走了，除了傷痛，更有說不出的憤怒。中國有一句勉人爲善的老話：「積善之家必有餘慶」，高家是標準的積善之家，但是高伯伯因公殉職，信疆、信鄧又早逝，尤其是信鄧，已經看破一切，準備到美國了，卻遭此橫禍。

信鄧呀！走了也好，也許在天堂，在另外一個世界，可以找到我們追求的公平、正義，算算我們訂交，迄今已經四十年了，今年我跟你一樣，也七十歲了，又能在人間留戀幾年呢？

民國一〇一年四月二十四日深夜，竟稿時淚已流乾！

尋歡變奏曲

璩美鳳事件，引起了一段我少年時代的回憶，事情發生在我服兵役的那一年，二十五歲，正是荷爾蒙生產過剩的年齡，連比較曝露的電影海報，都會令我亢奮不已，性對我而言簡直是莫大的困擾，因爲當年台灣社會非常保守，女人講究「從一而終」、「守身如玉」、「寧死不從」，男人要解決性問題除了結婚以外，就只有找風塵女郎。

五〇年代的嘉義，是個純農業縣，我在嘉義第八軍通訊營無線電連服預官役，軍銜是無線電台台長，但實際上並無此台，可能是長官不放心，我們這批只受過三個月通訊兵學校訓練的大專兵，不能把太專業的工作交給我們做。於是我在連上就成了打雜軍官，除了偶爾輪到當値日官，平常無所事事。我跟另外兩個預官，經常溜到蘭潭游泳，當年的蘭潭完全沒有人工刀斧痕跡，寧靜而秀麗，從接近我們的營區方向望去，四面環山，湖中有小島，山影倒映在碧綠的水中，遠處總有一群水鳥悠遊其間，游累了躺在湖邊林下，除了蟲嘶鳥鳴，聽不到一點車馬喧嘩，小眠片刻，彷彿置身仙境，從通訊營到嘉義市區，是一條林蔭大道，路旁盡是果園，一年四季都可以聞到水果花香，尤其是橄欖樹，開花時節滿樹白花，花瓣飄落一地如雪，各種昆蟲飛舞穿梭其間如廟會，如趕集熱鬧極了。蘭潭得幽邃之美，果園撲鼻的花香令我畢生難忘，但是更令我難忘的是……。

一個禮拜一的下午，我趁連長回家尚未歸營，跟吳少尉溜到嘉義市區準備看電影，到了電影院發覺時間不對去早了，吳少尉提議我們到嘉義某茶室坐坐，因為聽說來了新小姐。當年台灣的茶室，是一種很普通的色情場所，茶室用木頭隔成小間，一間大約半個榻榻米那麼大，一張小桌子，一杯茶一盤瓜子，燈光很暗，小房間非常簡陋卻叫雅座，跟小姐可以毛手毛腳，不辦事六十元，辦事要多付些，付多少已經忘了，當年少尉薪水是六百二十元。

「你們大專兵，尤其是外省大專兵最壞了，無情無義，我鄰居被大專兵欺騙感情氣得自殺，結果差點死掉。」說完給了我一個大白眼。

「不能一概而論，像我就曾經被幾個嘉義小姐給甩掉，我也傷心想自殺。」

「哈哈！騙鬼，看你這個小白臉相，個子又高，不知道騙過多少女人？」

「小白臉你很強喔！」一陣劇烈衝刺之後，她氣喘地讚美我

「還好啦！跟你不熟，第一次有點緊張，以後會更好。」我一面喘氣，一面吹牛，心中暗自得意，休息片刻後她去打了一盆熱水幫我清洗，過程輕柔體貼，臨走我多付了一百元，她深情款款地送我到門口，再三叮囑我要再來看她。

回營後發覺滿腦子都是她，從接觸到分手整個過程歷歷如繪，一遍又一遍地回憶，每一次回憶彷彿再一次享受了歡悅，身體整天都在亢奮狀態。

「糟了，難道我愛上了她？」

「不可能，她最多小學畢業。」

但是她童稚般的笑聲，豐腴的肉體，激烈的互動反應，尤其是我高潮前一刻，她的臉頰突然變得滾燙，再再都跟一般的風塵女郎不同。

我痛苦地忍了兩天，第三天終於忍不住又去了。

「休息一下，拜託，你會把我弄死。」在她一直求饒之後，我暫時鳴金收兵，帶著勝利的微笑，看著她躺在榻榻米上喘氣。

「我警告過妳，我會一次比一次厲害，妳現在信了吧！」

「死東西！還好我現在認識你，我要是早認識你，哼！非嫁給你不可！」

「像妳那麼愛打炮的女人乃世間珍品，我娶妳也不吃虧。」

「去你的，大專兵說話那麼粗魯。」

「說正經的，如果我現在向你求婚，你肯嫁給我嗎？」我逗著她。

「對不起，太晚了。」

「那你已結婚了？」我問。

「對，不，不對。」她連忙否認，顯然在說謊。

「談談妳的過去，我蠻好奇的。」

「沒有什麼好談的，說了你也不會相信，反正幹我們這行的人，就是在做生意，大家都不要自作多情。」話沒說完就淚如雨下。

我有點驚慌，也有三分掃興，因爲我的「性」趣還沒結束，她那麼一哭，我倒不知道如何再從頭開始，這種情境如果再提槍上馬，會不會讓她覺得我太冷血。

「別難過了，家家有本難念的經，像我們很多外省人的苦難，妻離子散，國破家亡，不是妳們本省人所想像得到的，人生再是苦難，不是抱怨就可以解決的，有個外國哲學家說：痛苦的人沒有悲觀的權利。」當我反覆向她解釋這句話的時候，她聽得很入神，也停止了哭泣。

「唰」的一聲門被拉開了，門口站著一個四、五歲的小女孩。「阿母，爸爸叫妳今天一定要拿錢回家。」

「死囝仔，講過多少次，叫妳不要到這邊來找我，你偏要來，滾，我打死你。」她作狀要打，小女孩退後兩步，但是似乎並不太害怕，而是用極凶惡的眼光瞪著媽媽，幾秒鐘以後狠狠地說了一句「幹！」轉身離去。

事情發生得很突然，整個對話不到一分鐘，當我反應過來是怎麼一回事的時候，轟然一聲頭部如遭到重擊，很長一段時間腦中一片空白，無法思考，我一直想不起來最後是如何離去，臨去前說了些甚麼話，小女孩凶惡的目光，在腦海裡常常幻化成惡魔，多年後我看電影「大法師」，就立刻聯想到茶室女郎的小女孩。同時，我又常想到陶淵明的那句話「彼亦人子也」。我小時候因爲頑皮，常被學校開除，長大了愛讀書，所以自以爲飽經憂患，老於世故，但是這件事讓我深深體會到，對人生對社會甚至對「性」，我都不甚了了，我根本沒資格自命不凡。生命的悲苦性的複雜，遠遠超過我的想像，很長一段時間我陷入在一種哲學思緒之中，終日鬱鬱寡歡。

「老武，那個茶室小姐剛才又打電話找你，我不知道你躲她幹嘛，難道你欠她錢？」她託好幾個人叫我去看她，又常打電話到連上找我，我一直不敢接她電話，卻沒告訴任何一個人。真正的原因，我多年後才了解，她那麼複雜悲慘的家庭情況，遠不是一個僅僅從書本上建構起來價值體系的青年，所能夠承受的，無法承受只好逃避，但是又有很重的罪惡感與內疚。我決定再見她一次，算是一種人道的關懷吧！

秋天，我又到茶室去找她，「對不起，最近實在太忙，沒空來看妳。」

「騙人，吳少尉每個禮拜來，他跟你同一連，官也不比你小，不想來就不想來，何必騙人。」

「好啦，好啦，對不起送妳些小禮物，表示歉意。」說完我拿出一包口紅、香水、面霜之類的舶來品給她。

「哇！好棒喔！哪裡來的？很貴吧！」她高興地手舞足蹈。

「不貴，沒花錢。」

「沒花錢？莫非偷來的？」

「對了，偷我姐姐的。」

「哈哈！不要臉，偷姐姐的東西。」

「她的化妝品多得要命，十年都用不完，偷一點給妳不會良心不安。」

「謝謝！你真好！」說完她準備去拉門，我急忙阻止她：「我要走了，今天不辦事。」我匆匆離去，心中無限舒暢，但是從此再也沒有去找過她，也不再回應她的邀約。

過完農曆年回營後，接到一封嘉義市的來信，字寫得很幼稚，打開一看是她寫來的：「你好，謝謝你的禮物，過年了，我準備了一點土產送給你，你一定要來拿，要不然就是看不起我。」我很快決定再去看她，因爲她跟女兒對話的那一幕衝擊，已經慢慢淡了，我對她的慾念也沒了，把她當個普通朋友看也未嘗不可。我走進雅座，她笑得爛漫，像果園中的花，身上也擦了香水，很香，我坐好以後，她就忙著去關門，我說：「別關門。」

「怕甚麼？關門也不一定要做。」

我只好由她，她也坐好以後，歪著頭斜眼看著我，神情有些詭異，我也不知道如何開口，時間似乎凝固了，突然她一個耳光打過來，我完全沒有防備，結結實實的挨了一記，「妳瘋了，妳爲甚麼打我。」她要再打時手被我抓住，「妳爲什麼打我？」

「你，你，你，你爲什麼欺騙我的感情。」說完嚎啕大哭。「別哭，別哭，我沒有騙過妳。」我手足無措地安慰她，說了一大堆言不由衷的話，最後逃離了茶室，一路頭暈目眩、腳步踉蹌地走回通信營，老天！這是什麼世界？我從來沒有愛過她，開始是爲了性，後來是可憐她不幸的遭遇，而她居然會愛上我，把我對她的同情尊重當做愛，但是有什麼用呢？除了讓我逃得更遠，不可能愛她呀！我像犯了滔天大罪，目睹了一幕人間悲劇，而我就是悲劇的製造者之一。怎麼會想到，人世間除了戰亂、流離、死亡之外，還有這一類型的悲劇，而親身經歷的人間悲劇，竟與書本上電影上的劇本有那麼大的不同。終日我反覆思索，是不是做錯了什麼？爲了增加性愛互動的樂趣，我不該對她花言巧語，不該送她化粧品，是不是不該把她當做朋友看待？我的世界，建構在儒家父慈子孝的基礎之上，實在不能想像，那麼漂亮可愛的女人，居然有那麼可惡的丈夫，那麼恐怖的女兒，這個女兒爲什麼如此不幸，生長在這種家庭。而我爲了片刻的歡樂，去增加一個可憐女人的痛苦。我太可惡了，經歷過這件事情以後，突然成熟了許多，但是從小在家庭教育，以及儒家經典建構起來的理性世界，竟然一夕崩解，很長一段時間，我變成了一個懷疑論者。

三十多年過去了，當我了解古人爲什麼用「垂垂老矣」這句話，形容老人的時候，性對我而言，已經不再是困擾的時候，嘉義茶室那個女孩子的身影，還是那麼鮮活地存在我的記憶之中，直到今天，每想到她還會令我鼻酸，爲了表示對她的尊重，我寫本文的時候，不願提到她的名字，即使她告訴我的不是真名。我衷心祈禱，她現在已經脫離艱苦，有一個快樂的晚年。

日本軍歌

趁著學生春假，公司舉辦郊遊，這樣許多同事可以帶小朋友及家人參加，全部費用由公司負擔。路上，導遊小姐領著大家說說唱唱，好不熱鬧。我因爲不唱歌，車子搖呀搖的，把我搖入夢鄉。

一陣雄壯的日本軍歌合唱聲，把我吵醒，只見五六個本省同事的家長，在合唱日本軍歌，回頭一看，幾個外省同事跟他們的家長怒目而視，我立刻起身走到後座，小聲跟他們講：「拜託大家，他們到底是家長，一起出來玩，還要共處好幾天，千萬不可以對他們有任何不禮貌的舉動。」我知道他們很氣，小鄭的爸爸是老革命，小李的爸爸是國民黨員，小胡的父親是情報員；他們滿腦子忠黨愛國、反共、抗日思想。他們聽到曾經被日本人殘害過的台灣同胞唱日本軍歌，當然氣憤。但是我覺得日本統治台灣是一個歷史悲劇，身爲小百姓的他們，只有隨波逐流的份兒，在日據時代受日本教育，甚至被迫當過日軍，都是命運的撥弄，他們回憶往事也好，懷念過去也罷，都是人情之常，無關乎民族大義，用民族主義的標準指責他們，是何等狹隘，是何等的小器。不可以！

回憶這段往事，再看看今天台灣的民進黨及其支持者，對日本軍閥的寬容，對中國人和中國文化的卑視，我不得不說，我的格局比他們大多啦！

一生沒做過對不起男人的事

有一次，我的公司要跟一家日本公司，簽一個技術合作的協議書，日方董事長來台，我代表公司，招待他吃晚飯。酒過三巡，日本人透過翻譯告訴我，根據他們公司的規定，他們委託了徵信社，要對公司及我個人做信用調查，有些失禮所以預先告知一下。我回答：「沒問題，歡迎調查，我一生絕對沒有做過對不起男人的事。」

翻譯沒聽懂，日本人當然也不懂，經過我再三解釋，日本人聽懂了以後哈哈大笑，站起來跟我用力握手，並稱呼我爲「同志」，「先生，我也是一生沒有做過對不起男人的事。」

雖是一個玩笑話，倒也是事實。年輕時，我曾是羅素的信徒，而羅素「永無休止地追求美，知識，愛情」的人生觀，也深深影響了我，再加上年輕時對性需求較大，在不影響家庭這一類自欺欺人的原則下，交過不少女朋友。但是我沒有羅素的才情，也沒有羅素的灑脫，更沒有羅素那種視道德爲無物的頑劣，最後落得個畫虎不成反類犬的結局。

回首前塵，「沒有做過一件對不起男人的事」，不再是一句自鳴得意的玩笑話，爲圖一時之快，我傷害過善良的女孩子，也傷害過我的家人，追悔之餘，我不得不說，都是羅素惹的禍。

返鄉記之一

猶豫了二十年，終於回家了，心情不像遊子歸來，也不是倦鳥知返，說不出什麼樣的心情，跟文章、詩歌、小說中返家的描述完全不同，沒有歡喜，沒有思念，沒有回憶。

因為我的故鄉，河南孟縣（今之孟州市，屬焦作），早在記憶中消失了。媽媽說我三歲左右回過老家，三歲太小，沒有任何記憶。心中的老家孟縣，是從爸媽、二姑口中的零碎回憶穿梭起來的，老家的圖像有點虛無，但是又很真實，從父母、二姑口中聽到：大柿子樹、棗林、大白菜、幾層高的地窖……。父母的思念，一遍又一遍的回憶，故鄉在內心深處，早已有了圖像，再加上一些歷史檔案的串連，故鄉是如此的清晰，回家的衝動一直揮之不去。

我一直沒有回家，幾次在鄭州想回去，下不了決心，就這樣一拖就是二十幾年。大陸改革開放以後，我偷偷到大陸（那時台灣對大陸還沒開放，偷去大陸是違法的），看我哥哥們。大哥在重慶、二哥在長春，三哥在寶雞，我們就約在重慶見面。後來我又約大哥全家到香港玩；約二哥到台灣和美國。我跟侄子們也一直保持聯繫，可是我一直沒回孟縣老家。

改革開放後很多同鄉回老家，帶來一連串不幸的消息。對媽媽，我們以報喜不報憂的原則，選擇性告訴一些家裡親人的情況．那時媽媽已八十多歲了，爸爸去世多年，我們封鎖所有的壞消息。媽媽從聯繫到家人的那一刻，就不斷地提醒我們，年節一定要寄錢回去。

媽一直想回家看看，除了要到孟縣，還想去湖北仙桃市，看看她的親妹妹——我的姨媽。我們安排姨媽到香港跟媽見面，後來又接姨媽到台灣住了幾個月。對媽媽想去大陸的事，我們找各種理由搪塞拖延，其實是怕媽媽瞭解家裡的情況後受不了，這一拖就是十多年，媽媽一百歲辭世，終究沒有回家。

到了鄭州又拖了兩天，終於下定決心，跟家人通了電話，約定時間回家。在前往孟縣的車上百感交加，只是近鄉情怯?還是懼怕面對現實?實在搞不清楚自己複雜的心境。

到孟州市的路上，我在紊亂的思緒中理出了一點頭緒，有幾個理性的決定：一、不主動問過去的事，尤其是文革時家人的遭遇。二、不主動要求上墳。三、千萬不能哭。我的決定是根據同鄉斷斷續續帶回來的消息，同時根據很多人返鄉的經驗。

見到堂弟之思，跟想像的沒有不同，一個典型的北方鄉下老頭，唯一令我吃驚的是，堂弟比我小四歲，看起來比我大五六歲。堂弟因爲我的到來十分興奮，不停地告訴我家裡的歷史，一觸到家中的不幸，我就把話題岔開，我真的不忍心聽，更怕聽了忍不住掉淚。

爲了不願聽家裡的故事，我拚命講話：「九二年到九三年，我到過鄭州兩次，跟鄭州市政府簽了很多意向書，包括好幾個河南大都市——鄭州、洛陽、開封火車站改建案，本來打算在鄭州建立一個根據地，然後回老家，看看家裡有沒有人願意到鄭州創業。沒想到九五年陳水扁當選市長後，我被政治迫害，數十年積累的財產、信用，一夜之間盡付流水，同時因爲莫須有的欠稅官司，害我不能出境達十三年之久，一直到馬英九當選，我的冤屈才得昭雪，才能自由出境，但是此後心情複雜，一直拖延，所以到今天才回來。」

「回來就好了，以後要常回家，帶嫂嫂、侄女們一起回來，過過鄉下日子。」

「好的，等天熱點，我會帶他們一塊兒，還有小外孫女，你們也到台灣來看看。」

「對呀！我們都鼓勵爸爸什麼都不要想，好好享受餘年，錢不是問題，環遊世界都可以。」之恩弟弟的女婿張舟，是一個精明幹練、精力充沛的商人，生意做得不錯，對岳父很孝順。

「文化大革命咱家還不錯，因爲國民黨時代，咱家雖然很有勢力，但是沒有欺負過人，解放後沒有人檢舉我們，文革平安度過。」第二天的晚餐，堂弟終於談到過去，我不想聽，可是來不及阻止，也沒有理由阻止。

「十年文革只有二伯（**我的二叔**）被反革命罪鎮壓，只有一個堂哥跳井自殺。」

「爲什麼跳井自殺？」有一個堂哥跳井自殺是我沒聽過的事，所以忍不住要問。

「堂哥是軍校畢業，畢業那年碰到解放，堂哥因爲是學生，沒有上過戰場，開始沒有整他們，把他們全部調到新疆，沒多久調回來。文化大革命他被鬥得很慘，有一天半夜他跟二伯講：『爸爸，不要緊，咱們都沒做過虧心事，到今天都沒有人檢舉我們（**當時被批鬥的對象如果有人檢舉，會被鬥得更慘**），好好活下去，不會有事的。』第二天找不到人，後來在井裡發現屍體，可能跟他爸講完就自殺了。二伯過世還有一口薄棺，舉行了簡單葬禮，但是堂哥死了，屍體用草蓆一裹就丟到野外了。」

堂弟的話沒講完，我就淚如決堤，忍不住哭了起來，堂弟跟著哭，一些晚輩也跟著哭。我的淚不只是爲一家一姓的不幸，也哭一個世代中國人的苦難，竟有這麼一批善良、老實的老百姓。叔叔被鎮壓（**我一直不敢問怎樣死的，當年老鄉傳來的消息是鬥爭大會完了以後，被亂棍打死的**），堂哥跳井自殺，家裡財產全被沒收，同輩的家人沒有受教育，書香門第突然一代人全成農民了。堂弟對所有的不幸都不抱怨，反而認爲「咱家因爲在國民黨時代沒做壞事，而沒有人檢舉。」否則苦難要更多一些。心中有說不出的委屈、不平，但不能多說，我的委屈、不平站在一個歷史的角度，堂弟不會瞭解，我也不願多說。

「好了好了，災難都過去了，好在下一代都很健康，也都受很好的教育。」我強忍悲痛，轉移了話題。

返鄉記之二

記得小時候，爸爸常常提起在大陸的哥哥，大哥是冶金專家，二哥是水利專家，三哥是運動健將。我常問爸，他們爲什麼不到台灣來，爸說，二哥因爲學校差幾個月就拿到文憑，打算拿到再走，大哥是因爲工作，三哥音訊不通，所以都沒出來，不過最重要的原因，是他們都沒從軍、從政，一生也沒反過共產黨，所以願意留在大陸。共產黨建政以後的作爲，是誰也想不到的。談到最後，爸總會嘆口氣說：「唉！只希望他們都能活著。」

鄧小平改革開放後，大姐從美國寫信給國務院，未久得到了回信，大哥在重慶、二哥在長春，三哥在寶雞。姐姐從美國到大陸跟哥哥們見了面，大姐告訴我，二哥、三哥身體還好，都退休了，子女都已成人，生活還過得去。但大哥因爲勞改傷了右肺，右肺完全鈣化，沒有呼吸功能，同時有氣管炎、心臟病等，時年已七十多歲了，恐不久於人世。我接到信很難過，於是偷溜到大陸見到了三個哥哥，那時台灣還沒開放大陸探親，到大陸是「潛赴匪區」，是有罪的。我想大哥命在旦夕，好歹見上最後一面，就冒險前往，在重慶我們兄弟見面了。大家對過去的痛都有所隱瞞，我也不願多問。提起河南老家他們居然都不清楚，他們自小離家，個個在外求學、工作，很少回家，所以對家裡情況比我還陌生。但是，三個哥哥異口同聲，勸我不要回家，因爲黑五類家庭晚輩都沒受教育，人又多，回家徒增傷感。

後來陸續返鄉的朋友，帶回來的消息，都勸我們不要回老家。

倒是大哥，得到了平反，冶金廠請他做顧問，給了一份薪水，北京某單位，請他做中國礦業史的編輯委員，又給一些酬勞，後來又分了一間小房子，我們也常跟大哥通信，大哥心情變好，身體奇蹟似的恢復健康，居然活到九十多歲，前幾年才過世。

雖然沒有回老家，媽媽一直惦記著家人，每年過年總是提醒我，要寄點錢回去給家人。

想不到一九九五年，我遭陳水扁政治逼害，被限制出境達十三年之久，所以一直到今天才能回家，算來已經延宕了三十多年了。家人一定誤會我不認窮親戚，所以不回家，誰知道我被限制出境呢？真是有苦說不出。

之恩弟問我記得猴哥嗎？我說當然記得，他小時還帶我在田裡捉麻雀。之恩說猴哥就住在附近，我們去看看他吧！

到了一個簡陋的民房，一堆人在院子裡吃餃子。一個大個子躺在一張大椅子上，他就是猴哥，身高至少一九〇以上，很瘦。猴哥問：「你還記得我嗎？」我說：「當然記得，你帶我到河邊拾河蚌，到河邊的茶樓，帶我到田裡捉麻雀，坦白說堂兄弟我只記得你一個。」猴哥聽了很高興，「那可不，我不但帶你玩，從嘉興到廣州的車票，還是我幫你們買的，也是我把你們送上火車的。」「那你真笨，爲什麼不多買一張票跟我們到台灣呢？」我的話引起親戚哄堂大笑，猴哥喏喏以對，沒聽清楚他在說什麼。

離開孟州老家的前一天，在之恩家吃餃子，很好吃，又弄了一桌菜，我已戒酒，那天很高興，忍不住喝了兩杯，家裡的客廳還算寬敞，當天算算來了幾十人之多，三代同堂，老、中、青都有。大多全家都來了，人太多了，來了一批，吃幾個餃子，說說話走了，又來一批，像流水席。

我看晚輩個個健康活潑，胖嘟嘟的臉蛋，紅通通的兩頰，每個人都在學校念書，幾個孫子輩的小男孩都長得挺好看，人堆裡我抓過一個小帥哥問：「你幾歲了？叫什麼名字？」他說：「我十歲了，我叫『武帥』」，我聽了大樂，逗他說：「好小子，你敢叫武帥，我仔細看看帥不帥，沒錯！長得還真帥，不過以後長大不要當帥哥，要當元帥。」

「咱家到底還有多少人？」我忍不住問之恩弟。「很多都出去工作了，現在家裡姓武的只有一百多口。」

我聽了嚇一跳，怪不得當年我家會自組民團參加抗日，家道衰落了，還有一百多口，想當年還得了。

「弟，我們孫子輩誰讀書最好？」

堂弟從人堆裡叫了一個小女孩，長得很清秀，略帶羞澀，堂弟說她在學校常考第一名，功課好，愛念書。

「好好念書，咱們武家世代都是讀書人，將來妳念大學甚至出國留學，全都由我負責。」

延宕了三十多年的返鄉之旅，三天後搭機去上海，看女兒逗弄外孫女。上海跟河南是兩個世界，在河南看到了那麼多親人，看到了一個大家族衰落與奮起重振的景象。老家在孟州，女婿、女兒工作在上海，我常住台北，又回憶起我的第二故鄉南京。一直到今天，一想起故鄉孟州，就會引起我思緒的混亂，一甲子的時間歷經了戰亂、離散、團圓、恍如南柯一夢，又恍如隔世。

總結返鄉之行，令我斷腸。

仇人之子相見歡

國共戰爭是中國歷史上的大悲劇，是一場沒有必要的殺戮。我們至今不忍回顧這段歷史，也無法公正客觀評論其中的是非曲直，但是至少要記取一個教訓，中國人再也不要用戰爭來解決問題了。

父親曾在國民革命軍（**總指揮張鈁**）任上校軍法處處長。在處長任內，破獲二十路軍中的共黨秘密組織，軍法審判後一律處決，父親就此與共產黨結下不共戴天之仇。

抗戰期間父親在豫北，先後出任河南自衛軍第六路司令、華北挺進軍副司令、游擊第二十三縱隊司令，十三區行政督察專員，與日軍、共軍兩面作戰。

父親報給官方自傳中這樣寫道：「抗戰期間多次擊潰共軍高敬亭部，並壓迫楊得志，使其不得在隴海鐵路以東發展」字裡行間頗爲得意。

父親四十年前就走了，他不知道他的宿敵楊得志，後來做了中共國防部部長，更不知道當年他的防區，有兩位年輕共產黨員，後來都成了共產黨的大人物。一位是紀登奎，一位是趙紫陽。紀登奎時任魯山縣書記，趙紫陽任滑縣書記。

這些事兒都是我後來研究近代史以後，從大陸找到的資料。歷史的趣味就在此，可以神交古人，可以比故事主角自己更瞭解主角，可以瞭解故事最後的結局，可以做觀眾，也可以做裁判。但是獨缺父親另一位宿敵高敬亭的資料。找來找去，只找到大陸官方「高敬亭，新四軍支隊司令」簡單的幾個字。

有一天在上海跟馬學新教授聊天，馬教授是前幾年，在復旦大學辦的口述歷史研討會中相識，一見如故，近年來到大陸無論開會演講，最後一站總是上海，除了弄孫，一定會跟馬教授見面聊天。

有一次我突然想到高敬亭，我就問馬教授：「你聽過高敬亭這個人嗎？」

「你怎麼會問到他？」看馬教授的表情，顯然十分驚訝。「這個人連大陸搞歷史的人，都很少人知道他，你怎麼會問到他？」

我把父親跟高敬亭的關係，跟馬教授說了，他聽了一半就笑得合不攏嘴，等我說完，馬教授說：「怪不得我們投緣，我父親就是高敬亭的老部下。真是世事難料，父親是敵人，我們會成爲好朋友。」

馬教授告訴我，高敬亭是老共產黨員，是一員悍將，能打仗，可是嗜殺，加上人緣不好，後來死於內鬥。

那次談話之後，突然之間，我跟馬教授感覺距離更近了，好像世交兄弟一樣。古人說仇人相見分外眼紅，父親與高敬亭絕對算是仇人，跟高敬亭的老部下當然也是仇人，但是仇人之子相見，卻親如手足，仇人之子相見歡，那感覺很妙，卻無以名之，只能說，歷史呀！歷史！你真愛開玩笑。

騙局的結局──客家桐花祭

我認識的人很少，不，可以說沒有一個人，比我更愛花。我簡直是花癡，愛花對我而言，甚至造成兒時精神上的負擔，因爲自小我以英雄豪傑自許，愛花應該是賈寶玉的事，如此愛花，總覺得有些害羞。

在南京的某機關中庭，我被一棵盛開的桃花所吸引，那是生命中第一次驚豔，我佇立在桃花樹下，呆呆的凝視良久，眼光連一秒鐘都不捨得離開。後來圍著桃花樹打轉，從各種角度、距離，欣賞這棵桃花，又躺在桃花樹下，透過一片紅光，仰視藍天白雲，美得使我想驚呼、想尖叫。第一次心靈深處的悸動，令人終身難忘，那時我六歲。

大概是高中的時候，第一次讀到詩經，「桃之夭夭，灼灼其華」的句子，立刻使我想到南京的桃花，更驚訝古人形容桃花美豔，用詞竟能如此簡潔、精準。

第一次看到桐花，是在民國五十多年，桃園、龍潭、中正理工學院，由於桐樹附近很空曠，所以桐樹長得不高，但是壯，覆蓋面積很廣，樹形如蓋，桐花正在盛開，滿地白色花瓣，非常美麗，也非常壯觀。

民國六十多年，老友韓國孫——綽號，此人姓孫，韓國華僑，找我投資一票生意，買在台灣山坡地已經種了兩三年的油桐，再照顧幾年，滿十年後可以外銷日本，有厚利可圖，整個交易的性質、流程大致如下：

一、油桐是一種輕質木材，漂亮，但質地鬆軟，日本人非常喜歡，可以作筷子，便當盒，工藝品，用量大，是消耗品。

二、最早日本人來台，直接跟山區農民訂約，提供種苗之外，每年給農民五萬到十萬元不等，用來購買肥料、除草劑等，保證十年後高價收購，等於代加工性質，不少農民獲利甚豐。——事後證明是謊言。

三、據說後來不少台灣商人直接與日本進口商接觸，發覺如果直接交易，利潤更高。——事後證明也是謊言。

四、目前不少農民自己買樹苗，自己栽種。——自投羅網。

五、如果向自己栽種苗木的農民，購買二年或三年生的樹苗，樹齡十年後外銷日本，利潤依然可觀，而投資時間可以縮短。——事後證明，我們倆是二百五。

經過一個多月的業務考查——爬山、看樹、搜集資料、討價還價，最後我們用五百萬元（**每人二百五**）買了一批三年生的油桐，估計七年後至少可賣七八千萬。

頭兩年偶爾還興致勃勃，去視察桐樹生長情形，開花時節會去賞花，幾年以後興致淡了，最後甚至忘了這回事，若干年後突然心血來潮，打電話給韓國孫：「老孫，咱們的油桐樹齡快十年了，可以外銷日本了，咱們該發了。」

「老武，真不好意思，我一直不敢告訴你，油桐外銷日本是一個騙局，咱們都受騙了。」

「怎麼可能？那麼多人在種油桐、那麼多日本人來台灣。」

「日本人可能屬於同一個詐騙集團，跟農民簽約不久，另外一批日本人找上門來，給更好的條件，把價錢炒高以後，日本人一、二、三，同時把桐樹全部賣給台灣人，最後這幾年是台灣人自己在炒做，日本人早跑了。」老孫的語調帶著幾分羞愧。

「有沒有可能到日本告他們，打國際官司？」

「農民沒有能力、知識打官司，像我們這種投資者，大多數覺得丟臉，寧願認賠，也不願打官司，何況，日本人的名字，公司的名字全是假的。」

「他媽的，我說你是豬你不信，現在信了吧！賠錢還丟人，當年抗日戰爭，我老爸在槍林彈雨之中跟日本人拚命，我老爸地下有知，咱們兩個人那麼大了，還被日本人騙，他會氣得從棺材裡跳出來打我們倆，你這個豬頭！」

前幾天終於忍不住了，打電話給推動客家文化不遺餘力的張典婉小姐，告訴她，我受騙的經驗，以及為什麼台灣有漫山遍野桐花的原因，但是如果公布這段歷史，是否對桐花祭而言，有些煞風景，有些掃興。但是沒想到，張小姐斬釘截鐵說：「當然要說出來，公諸社會大眾，你是受害人，日本人是騙子，是罪犯，沒有理由包庇他們。更何況桐花祭，已經被粧點成美麗歡樂的民俗節慶，正如有時候謊言也可能是美麗的，你的故事只會豐富客家桐花祭的內容。」張小姐的回答使我覺得，我的顧慮是多麼多餘，多麼小器，身爲被害人，連揭發被騙的勇氣都沒有，那叫什麼大丈夫。

年年五月，每當看到漫山桐花開得如此爛漫，如此輕狂，就會啞然失笑，想到台灣人的憨，台灣人的善良、粗勇、健忘，太多的矛盾性格集於一身，正如每年桐花，爲什麼到了五月就放肆輕狂的炫耀一陣，花瓣悠忽隨風而去一樣，似乎白忙一場似的，令人費解。

大奔逃——三月三十一日桃園機場接郭冠英記實

二〇一〇年三月二十八、二十九日，連續接到郭冠英從加拿大打來的電話，告訴我三十一日早晨五點半左右到台灣，當天下午跟我見面，我問他要不要去接他，他回答「都可以」、「隨便」，當下我心裡決定不去，因爲五點半到桃園機場，我四點就要起床，實在太早了，而且我不認爲有接機的必要，雖然傳說民進黨要動員群眾到機場抗議，但是我不太相信，那麼早，民進黨可以動員那麼多無聊的人，做那麼無聊的事嗎？我不信。

三十日郁慕明先生打電話給我，說郭冠英太太（趙耀東堂妹）的姊姊拜託大家接機，因爲聽到綠營地下電台動員群眾鬧場，而郁本人身體不適，所以拜託我去，我只好答應。既然要去，當然要以防萬一，以我的年齡，實在不宜衝鋒陷陣，於是找了幾個新黨的年青義工陪我去。

到了機場，發現幾乎所有電視台的記者都到了，我拿了幾張在《獨家報導》發表聲援郭冠英的文章，給了幾位媒體記者，表明我是郭冠英的朋友，我來接機的，記者問我郭冠英爲什麼寫那些「辱台文章」，我說郭又不是神經病，爲什麼沒事辱台，郭跟我一樣是台灣文化研究者、觀察者，我們爲文批評台灣文化、批評台灣人缺點，不可以嗎？政客斷章取義，誣賴冠英，你們也不查真相而隨之起舞，你們被政客騙了。

部分媒體對我的話很有興趣，不時有記者發問，氣氛融洽，機場候機室甚為平靜，似乎只有一般接機民眾，也看不到抗議者。倒是看到了一些夾克繡有國旗的人，穿梭在人群之中，我想他們應該也是來接郭的。

六點半左右出境門開了，開始有旅客出境。突然從四面八方跑出一大群人衝向出境大門，每人手中拿了一隻百合，有的人拿「郭冠英道歉」、「沒有道歉，沒有原諒」、「我是台巴子」之類的標語，場面立刻混亂。因為出境旅客多從出境大門左轉，所以大多數抗議群眾擠在出境大門右側，這時一位機場負責安全的主管，跑過來跟我講：「你勸你的朋友千萬別衝動，千萬別跟對方發生肢體衝突，一發生衝突你們就中計了，你們就輸了。」我說好，並立刻跟郭的親友及支持者溝通，我說我們只要保護郭冠英平安上車就好了，大家都點頭稱是。

不料出境大門人越來越多，綠營群眾開始推擠叫罵，我看情況不妙，趕忙去找那位負責安全的官員，請他把郭帶向大門左側，因為左側群眾較少，那官員同意，並立刻從出境大門走進去找郭，未久他就帶郭從大門左邊出來，媒體及群眾不到幾秒的時間就發現了郭，群眾立刻轉向左側，媒體堵住郭的去路爭相發問，群眾大聲叫罵「郭冠英道歉」、「郭冠英是台奸」、「台灣不歡迎你，滾回大陸」，我及郭的友人一方面幫郭開道，一方面說「拜託！拜託！」、「郭太累了要先回家」、「郭會開記者會，可是他要先回家休息」，走著走著突然發覺我的腳騰空了，一股強大的推力把我推到半空，等腳落地，我發覺郭不見了，仔細尋找，郭在五公尺外，我趕快使盡全身力氣，擠回郭的身邊，僅幾秒的時間，我又被擠到半空，只見一群郭的朋友護著想上車，有人拿著他的行李想放到車上，但是都不成功，因爲人群推來推去，郭跟行李都無法上車，我再也擠不到郭的身邊，推擠之間，一直有人摔倒，有人摔倒立刻爬起來，有人摔倒就賴在地上四腳朝天，大喊「警察打人！」約二十分鐘後，在警察及郭友人保護下，郭及其行李終於上車，我也在郭友人引導下，跳上郭的汽車。

在高速公路上，媒體車隊一路窮追，多次媒體車與郭車同速並行，記者問什麼時候開記者會，車上的綠營嗆聲人士，拿出郭冠英道歉之類的抗議牌子。

在車上我問郭要去哪裡，郭說：「我原本要住我太太姊姊家裡，看現在的情形，他們會害怕。」郭開始用電話聯絡住所，打了不少電話，我聽出來都遭到拒絕，有人說我家正在修房子，有說我女兒要回來住，沒有空房間，但是我跟郭都知道原因，大家害怕郭給他們帶來暴民，都不敢惹麻煩，最後好不容易有位好友房間多，子女又在國外，答應給郭暫住，我們車子就往這位朋友家開，快到這位朋友家時，郭突然想到：「不行，車子不能直接開到他家，否則會給他們家帶來麻煩，甚至產生安全問題，所以要把媒體及抗議人士車輛甩掉。」

於是司機急轉彎，開始長達六個多小時的飛車追逐，怕給暫時借住朋友帶來麻煩，是甩開媒體及抗議人士的主要原因，但不是唯一的原因。媒體車輛司機的技術實在太高了，追車如影隨形，無論急轉彎、緊急迴轉、變換車道，都無法擺脫窮追不捨的車隊。

車子走到仁愛路，郭心生一計，對司機說，「你載我到忠孝復興捷運站，你突然停車，我橫越馬路去坐捷運。」大家都認爲這招不錯。車到復興南路忠孝東路口，我們突然停車，郭一人下車跨越馬路，未料所有媒體車也立刻停下，記者、抗議群眾幾乎同時下車，紛紛跟著郭走，這時我跟我的司機朋友一面用手攔阻，一面說「拜託！拜託！」、「郭先生太累了，讓他休息一下。」

正在此時，一位空手的青年很快速的奔向郭冠英，作勢要打。我怕郭挨打，本能反應向他打了一拳，他立刻回手打我，有幾位記者，放下攝影機幫他一起打我，我被推倒在地，這時有位較理性的記者朋友，把我們拉開了。

我到捷運站找到郭，郭進站後媒體也進入捷運站，郭問捷運站管理人員，媒體可不可以帶攝影機進捷運站？政治人物可不可以進捷運站進行政治活動？捷運局管理人員笑而不答。這時媒體及一位女姓拿著標語堵住郭冠英，「郭冠英，你爲什麼不道歉，向台灣人民道歉有那麼難嗎？」

郭向右轉她也向右轉，郭退她也退，郭進她也進，她旁邊跟了幾個年輕人，也圍著郭不停地叫囂，這幾位年輕人跟那位帶頭的女姓，我認得他們，他們是從機場一路尾隨來的，有的人是坐自己的車，有人是坐媒體的車。

這群人在捷運站不停地糾纏郭，我對這些人說：「郭會開記者會說明他的想法，澄清外界對他的誤會，但是先讓他回家休息好嗎？」「你們這樣做是妨害自由，你們知道嗎？」這群人完全不理會我的話，一直在糾纏，「你爲什麼不道歉？」「道個屁歉！妳是法官嗎？妳有什麼資格逼他道歉？」我一時不能控制情緒，怒斥那位女性。郭無奈地對我說：「走罷！看樣子坐捷運不是辦法。」

最後我們商量走出捷運站坐計程車，決定後我們快速走出捷運站，跳上一部計程車，一上車後發現媒體車隊緊跟在後，我對司機講：「拜託！甩開後面車隊。」司機說很困難，除非用摩托車。車子從忠孝東路開到虎林街、松仁路、莊敬路，跟逃犯一樣一路奔逃。

這時我一看手錶，已經十一點多了，我們已經被追了五個多小時，一路我跟郭都沒說幾句話，一直在盤算如何擺脫他們，如何逃脫常有爭辯，但是沒有人問爲什麼逃？是怕他們嗎？是爲了住處保密嗎？也不盡然，因爲朋友住所有警衛、保全。事後我們回憶當時的心情，如此沒命地逃出，是出於內心深處對他們的厭惡。

原來計畫是在機場開十分鐘記者會，朋友幫郭擬定了三點聲明，強迫郭唸完聲明就走人，因爲怕郭無厘頭式的說話，再引起不必要的誤會，好不容易長途電話把郭說服，郭答應照辦，但是一出機場情況就完全失控，標語、叫罵、阻擋去路、推擠，最可惡的是一片混亂之中，製造混亂者叫喊警察打人，這是一群不可理喻的人，他們的行爲，證實了多年來我對台灣文化的觀察，台灣有一群活在義和團時代的中國人，卻整天叫喊著去中國化，我跟老郭吃了秤陀鐵了心，非甩掉他們不可。

換了一部自己人的計程車行向內湖，郭不愧是才子，對司機說，我們往民權大橋開，你用無線電通知另一輛車，在民權大橋上步行樓梯處等我們，我們把車開到橋下樓梯起點，距橋頭數十公尺，把車開到步行道起點樓梯處，郭走樓梯上橋，坐上橋上的車，追車無法倒退到橋的起點上橋，此計果然高明，就這樣我們甩掉了所有車輛。

到郭的住所已經快一點了，從六點多出機場起算，整整被追了六個多小時。屋裡橫七豎八躺了一堆人，每個人都累趴了。

那麼多年我用嘴、用筆批評民進黨，批評台灣文化，批評台灣人性格上的缺點，但是沒有跟他們近身接觸過，更沒參加過街頭運動之類的活動，這是第一次，但是一次就讓我噁心得想吐。原因是：

一、強力推擠：推得你東倒西歪，不知所以，連警察也被推得無可奈何，一小群人推擠，可能要數倍的警力才能維持被保護人的行進路線，而推擠的動作無法可管，警察也不能以現行犯制止，警力不夠也無力制止推擠，怪不得連張銘清來台灣都被推倒，事後我看電視推與被推的關係，看錄影片也看不出所以然，不是身歷其境，完全不知道他們是暴民。

二、妨害自由：媒體如影隨形地追，政治人物率眾擋住去路，是不是妨害自由？過去那麼多受害者，包括連戰、陳雲林、費鴻泰，爲什麼他們對這種暴行都不提出控訴？被害人那麼多爲什麼都不說話，難道習慣了嗎？

三、言詞羞辱：擋住去路拿出標語、各種羞辱語言，打了「郭冠英看不起台灣人」的招牌，就可以公然羞辱郭冠英嗎？郭冠英看不起台灣人，是誰的「裁決」？過去多少人，被民進黨的暴民用這種方法羞辱？被害人爲什麼都噤聲了？

四、擋人的理由好笑：一位尾隨我們的女性，拿著標語擋住郭的去路，反覆地問：「郭冠英爲什麼不道歉？」、「沒有道歉就沒有原諒」、「道歉有那麼難嗎？」而我一再反問她：「妳是法官嗎？」「郭的對錯是由妳判定的嗎？」「妳憑什麼逼他回答妳的問題？」那位女士不理會我的問題，一直糾纏郭冠英。

我七歲從南京到台灣，父親重病住院多年，媽媽帶著我們住在瑞芳，瑞芳與南京大不相同，村郊野趣，鳥語花香，至今難忘。我在瑞芳國小讀了一年，學會台語。我在台灣完成大學畢業，娶妻生子，我有很多台灣親戚。垂暮之年，我投入台灣近代史研究，批評台灣文化的缺點、台灣人性格的缺點；郭冠英的研究項目、興趣，與我有很多相同之處，我們深知「愛台灣」、「台灣優先」「台灣主體性」等，都是政客與僞學者編造的「假議題」，國民黨不敢拆穿「假議題」，爲了選票考量，不敢明辨是非，隨之起舞，是犯了「不作爲罪」，是台灣社會混亂的共犯。

郭跟我在不同的崗位上，都曾經爲台灣出過力，沒有人有資格批評我們不愛台灣，更沒有人可以限定我們要用哪一種方法愛台灣。更沒有人敢說台灣人、台灣文化沒有缺點，不可以批評。六個多小時的飛車奔逃經驗，更讓我鬥志昂揚要跟那一群窮追不捨的台灣痞子奮戰到底。

以上所述沒有一句謊言，從小爸爸告訴我，「只有懦夫才撒謊」，而我是一個光榮的中國人，絕不說謊。

後記兼答媒體

郭及其友人商討記者會地點問題，頗費思量。

其一、要考慮暴民抗爭，及「逃亡」路線問題，沒有後門可退者不考慮，因爲我們的經驗，是警察無力阻止在人群中被推擠、被阻擋、被羞辱、被迫回答問題等行爲。

其二、許多公、私建築空間，甚至大酒店，都考慮到可能的衝突，不願提供場地，故記者會時間、地點遲遲無法決定。這幾天看到電視台相關報導多偏頗不實，甚至有惡意造謠者，特申明如下：

一、黑衣人問題：當天不少記者就問我，黑衣人是誰找來的？是哪個團體？這幾天大話新聞也不停譴責黑衣人。

台灣黑衣人就是黑道的代名詞，那天據我在現場觀察，所謂黑衣人有郭的親友、有深藍的計程車隊駕駛、有新黨義工，在機場我再三告誡他們，寧願挨打不可動手，而你們的任務只要保護郭平安上車即可，請問媒體：警方連保護一個落難書生下飛機、上車，人車之間僅數公尺之遙，都無法辦到，而需要「黑衣人」協助，請問這是什麼社會？「黑衣人」可能有黑道分子，他們做的事情，是警方該做而做不到的事情，他們的行爲，只是保護郭出機場後上車，距離數公尺，用了長達二十分鐘的時間。他們的行爲觸犯哪條法律？流氓爲什麼要做這些無利可圖的事情？

二、媒體誣賴警方沒有善盡責任，當天警方出動人員不少，事先對我方再三勸導，對方因爲隱藏在人群中，無法事先溝通。郭出機場後，群眾有計畫、有訓練地一起推人，場面立刻混亂，警力頓顯不足，事後卻在媒體造謠說，警方維安不力，對黑衣人打人，警察袖手旁觀，事實上接郭群眾相當自制，現場全程錄影，絕沒有黑衣人打人，警察袖手旁觀之事。

三、大話新聞眾口一詞，說郭主張言論自由，假如宣示自己理念，爲什麼把部落格文章全部刪掉，可見郭心虛。答案是郭沒有刪一篇自己的文章，許多部落格網站被註銷了，原因不明，也許他們怕惹麻煩。這些文章將來在新的網址上出現，郭會寫更多批評台灣文化的文章，郭不是懦夫，從來沒有心虛。

四、批評郭的言論不可斷章取義，郭是否「不愛台灣」、郭是否「看不起台灣人」，請多看郭幾篇文章，至於「台巴子」什麼意思，去問問復興南路忠孝東路口一家老火鍋店「川巴子」，問問老闆，川巴子可有羞辱四川人的意思？

五、郭案是否屬於言論自由，請媒體人翻翻中華民國憲法第十一條、第十二條、第十三條、第十五條及第二十二條，談法律要根據六法全書或法學理論，而不是信口雌黃。

六、除了營利之外，媒體跟教育一樣是良心事業，有社會責任，絕不可因爲收視率、爲利潤，放縱一些沒有水準的資深媒體人或名嘴，在節目裡亂扯一通，影響公司形象，製造社會對立，留下可恥記錄，媒體的立場應該「義」「利」兼顧，不可因小利而失大義。

以上諸點句句實言，對於責怪警方維安不力，責怪黑衣人動手部分，本人願意作證人，也願意接受調查，或與暴民對質。

最後一次挨揍

我是爸的老來子，小的時候，爸對我十分寵愛。我的乳名叫「羅羅」，這個小名小時常被玩伴取笑，一直到大學畢業，我忍不住問老爸，爲什麼給我取了個那麼驢的乳名，害我老被人取笑。爸的回答嚇了我一跳，說我生的那天，美國總統羅斯福遽死。原來爸爸對我的期待如此之高，我聽了頭皮一陣發麻，羞愧地趕緊走開，從此不敢再提這件事。

從初中一直到大學畢業前，我跟爸的關係降到冰點。爸對我期望太高，失望也太大。爸跟我相差五十歲，等於隔了兩個世代，對於我叛逆期的行爲深惡痛絕，爸對現代教育學、心理學毫無概念。除了常用藤杖打我以外，還常到學校跟校長拜託，對我嚴加管教，甚至會說：「該打就打！打死也沒關係，不要學校負責。」

爸打我，是用一根像甘蔗粗細的藤拐杖。爸軍人出身，身體壯碩，力氣很大，一拐杖打到屁股，渾身像千萬隻螞蟻同時咬我。可能是痛過頭了，只覺得奇癢難耐，癢到渾身扭動。我問過很多同年齡頑皮的朋友，沒有人挨過如此重的拐杖，老爸力大而凶狠。

我恨爸爸，用不理來消極抵抗，沒必要絕不跟爸說一句話。

冷戰時間長達十年，我從心底恨爸，我整天盼望趕快大學畢業，找到工作，脫離老爸魔掌，沒想到大學還沒畢業，我跟老爸關係解凍了。

原因是最後一次挨打，我已不記得爲什麼挨打，但是清晰記得，連挨了四五杖以後，我不但不覺得渾身發癢，甚至沒有一點痛的感覺。爸爸老了，沒有力氣了，頃刻間我羞愧地哭了起來，爸爸也哽咽地說：「我老了，咱家在台灣無錢無勢，你不好好念書將來怎麼辦？」一時之間，我們來台後家裡窮困的場景——孵豆芽、養雞、老爸騎腳踏車從吳興街到建中教書，一幕一幕湧現出來。爸媽那麼辛苦地撫養我，我還有什麼理由跟爸對抗？錯在自己呀！

我跟爸不但恢復了父子之情，而且經常一起談學論道。父親古書讀得極好，許多見解也獨具隻眼，對易經很有研究，結論是易經卜卦的部分是迷信，不值得研究，繫詞部分是先民知識、經驗的記錄，學術價值很高。

父子復交到父親去世，只有六年的時間，六年間我的史學、經學都打下了基礎。

父親對我期望很高，認爲我肯深思問題，如果努力必有成就。父親八十歲那年，因食道癌過世。

我在商場逐名逐利幾十年後，終於下定決心退出，專心治學。

最有趣的是，我跟老爸不合長達十年，但是我的個性越老越像爸爸，如嫉惡如仇、是非分明等，身教力量何其大呀！

近年來讀書略有心得時，常常快樂地自言自語：「老爸呀！兒子沒給你丟人。」

靶場

有一次，一位離國數十年的初中同學回台灣，老友相聚，暢談往事，人生一樂也。當他問到三張犁靶場時，我悚然一驚，不是他提起來，靶場幾乎在記憶中消失了。其實靶場是兩蔣時代，一個重要的、不該被遺忘的場地。

三張犁靶場位於今天台北松仁路，信義國中東側對面的山坡上。山坡常年挨子彈，就變成一片黃土，寸草不生，除了軍隊會來打靶，那時高中生都要受軍訓，也要打靶。我們住的眷村離靶場不遠，得地利之便，聽到槍響，我們就在靶場管制區外徘徊，打靶一結束，小朋友蜂擁而上，到山坡上去挖子彈頭。運氣好可賣個一塊錢，通常我會到小攤兒上去吃冰。吃法是用一個小機器，把一個大冰塊刨成細小碎片，加一點紅色、綠色再加一點糖水，俗稱「清冰」。

台灣夏天酷熱，當時根本沒冷氣，吃冰消暑解渴。除了清冰，小攤還供應紅豆冰、綠豆冰、四果冰。四果冰者，內有青紅絲、酸梅之類，四樣東西。平常只能吃碗清冰，已經快樂無比，挖到子彈頭，換錢以後來碗四果冰，那種滿足，神仙不過如此。心裏常想，我長大了也擺一個攤子賣冰，可以天天吃冰，那該多好，我小的時候就只有那麼大的志氣。

游泳褲

小時候，碧潭有條河，流到三張犁，然後分一條流向延吉街，一條流向信義區。河面最寬部分大約十公尺，水深約一公尺，水流很急，很乾淨，河水是灌溉用的，所以有很多閘門。河水經過今天吳興國小那一段，大概因爲有一大水閘的關係，河面特別寬，我們常到那裡游泳。有一棵大榕樹，主幹斜長在水面上，我們常爬到樹上跳水。山東人管跳水叫「軋猛子」，那是我們的最愛。我們叫那條「大河」，在大河度過了快樂的童年。一直到今天，我還常夢到大河。

當時我們在大河游泳，很多小朋友是光屁股的。有些是穿內褲，但跟光屁股差別不大，因爲那時內褲多半是白色麵粉袋做的，一下水纖毫畢露，游完了，穿上長褲，靠體熱把內褲弄乾。

到了初中，第一次去東門游泳池，發覺大家都穿游泳褲，三角、緊身，每個人褲襠處鼓起一堆，好不威風。我第一次到東門游泳池，看到形形色色的游泳褲，不敢下水，也不敢穿內褲下水，因爲內褲一下水就透明了，掙扎了很久，終於沒有脫褲子。除了窮，當年台灣物資缺乏，根本不知道哪裡可以買到游泳褲。後來心生一計，偷剪了一段白色床單，到附近的染房把布染成黑色。那時家家戶戶都有縫衣機，媽媽、姐姐、妹妹的衣服大多數是自己做的，我也略知縫衣機的操作。

有一天，我趁大家不在家，量了自己腰圍，自己剪裁，然後做了一條游泳褲，正要試穿，爸媽回來了，我來不及試穿，匆匆把游泳褲藏起來了。

有一天興高采烈，到了東門游泳池，在更衣室，穿上自製游泳褲，低頭一看，泳褲包住了小雞雞，但是包不往兩個蛋蛋，一左一右，露在褲外。因爲剪裁的時候根本沒有給蛋蛋留任何空間。幸好四下無人，我趕快脫掉「游泳褲」穿回內褲，悻悻然回家。後來忘了是姐姐還是媽媽，幫我做了一條游泳褲。那時家裡五個小孩子念書，父親收入微薄，白天上班，晚上在中學兼課，媽媽孵豆芽、養雞貼補家用。有關「窮」的回憶多半是痛苦的、羞辱的、難堪的、不堪回首的。

我讀大學的時候，第一次看到胡適的文章。胡適鼓勵賺錢，反對樂天知命、反對視富貴如浮雲，並且說貧窮就是罪惡，令我大吃一驚。如今年過七十，轉換人生跑道，找到了金錢買不到的樂趣，回憶往事，莞爾一笑。

和平之旅

高二那年暑假，是我學生時代最快樂的一個暑假。原因是大毛弄了把威力很強的鳥槍，並且有幾百發子彈，我們幾乎天天到山上打鳥，我受過軍訓，打過靶，槍法準，打到的鳥最多。有一次還打死了一條蛇，黃色、細長，腹中還有十幾個長形蛇蛋。

通常除了鳥槍，我們還會帶刺刀、武士刀等。當年台北的不良少年團體，數三張犁弟兄武力最強大，所謂三張犁就是今天的東區，那時有四四兵工廠、汽機場，有東、南、西幾個大眷村。

眷村子弟人多，兵源充沛，武力強大，所以當年在江湖上一直是一股勢力。為什麼武力強大呢？因為當年四四兵工廠原為日本人所設，有大量庫存刀械，包括武士刀、步槍刺刀、卡賓槍刺刀。因為與國軍槍械尺寸不合，被列為廢品，堆在戶外，先把刀柄切掉，刀身部分熔掉做其他用途。我們常溜到堆積的刀山附近偷，有一次，我一個人就偷了六把刀，腰部插四把，左右小腿各綁一把。

有一天下午，大夥又帶了刀槍上山打鳥，走到了一個小山頭，休息了一下，大家順著一條一公尺左右的小路下山，走著走著，聽到上下有一群人在說話，是年輕人，外省口音。我們頗感意外，當年那是人跡罕至的郊野，除了農夫，不會有人的；如果有，應該也是我們自己人，但聽口音不是，因為我們幾個大村子，百分之九十以上都是山東人、河南人，除了在課堂上，我們是不講國語的，所以應該不是自己人。

「喂！下面是哪裡來的野種！」大毛沉不住氣了，對著山下大吼！

「我X你個祖宗，你們才是野種！」山下的那群人居然罵回來了。

「好小子，有種不要跑！」說完，我走在前面，手提鳥槍快步下山，看看是何方神聖。當時大家想法跟我一樣，第一這是我們地盤，第二我們武力如此強大，嚇也把他們嚇死了。

轉過一個山角我看到他們了，我們走在同一條路上，我們下山，他們上山，路寬只有一公尺左右，一邊是山壁，一邊是十層樓高的懸崖。

他們也有五六個人，爲首的一個人，手上拿著一個登山用鳥嘴拐杖，鳥嘴是鋼做的，當武器十分厲害，後面有一個人也拿了一把鳥槍，我想雙方都嚇了一跳。突然雙方都靜下來，不再有人講話。因爲不但雙方武力相當，而且小徑只有一公尺，懸崖高約十層樓，如有衝突，摔下山保證沒命。

雖然嚇了一跳，可是雙方腳卻沒停下來，距離愈來愈近，腦子在幾秒間轉了千百回。最後我決定，沉著嗓子回答對大家說：「靠邊站，不要動，讓他們過去。」他們從我們身邊擦身而過，只有幾秒鐘的時間，卻感覺無比漫長，他們走遠了，我才發覺從心跳、氣喘出了一身冷汗。

走到山下，小四說：「他媽的！哪裡冒出來的小子，我們在這裡等他們，只有一條路，他們跑不掉的！」

「去你的吧！趕快回家吧！你知不知道，咱們今天在鬼門關走了一趟，這條命是撿來的！」

我們這夥人，後來有人從商發了財，有人做公務員，有人當了將軍。轉瞬之間，大家都漸漸老去，偶爾見面，每當談到這件驚心動魄的往事，還爭相討論不已。

在我的回憶中，那是一場「和平之旅」。

抗暴記

小學三年級，班上轉來了一位插班生，叫方慶達，這個同學非常粗壯，滿臉橫肉，活像獒犬真難看。他不但長得醜，人也很壞，有侵略性、愛打架，連女生都打，沒多久變成班上一霸，誰都怕他。我多次目睹他打同學時極爲凶狠，看得我心驚膽跳，跟他坐隔壁，根本躲不掉，我每天活在恐懼之中，生怕哪一天，他的重拳落在我頭上，每天設法討好他，生怕不小心激怒他。

甚至想轉到別班去，但轉班要跟爸爸講理由呀！什麼理由呢？怕挨揍？實在說不出口，甚至晚上做惡夢，被他打了一頓不敢還手。

在全班幾乎每個人都挨過打以後，我想逃不掉了，每天思索，萬一他真的打我，是要逃跑呢？還是告訴老師呢？還是躲開後笑臉求饒呢？這是我看過同學被打之後，幾種不同的反應。告訴老師，沒用，有人被打告訴老師，結果輕罰，同學又被打一頓，因爲聽說他爸爸是大官，老師不敢打他。

那段日子真是度日如年，每天到最後一堂課是最開心的時候，因爲熬過了一天。

該來的還是會來，有一天下課，在教室爲了細故，方慶達突然打了我一拳，我用手一擋，沒打著，毫不猶豫回了他一拳，完全是自然反應，你來我往打了起來，結果雖然我吃了點小虧，但也夠他驚訝了，瘦小的我居然敢反抗，同學更是敬佩不已，因爲我是第一個敢跟他對打的，瞬間成了抗暴英雄，一堆被他欺負過的同學舉我爲領袖。當然也有一些同學跟隨他，於是班上分了兩派。

從小學三年級到畢業，兩派一直爭鬥不斷，大多數的時候我的勢力大，因爲我行仁政，他行暴政。除了武鬥，我們以各種幼稚的方法進行文鬥，一直延續了三年之久，到畢業典禮那天還打了一架，沒想到小學打架經驗，奠定了我一生武功的基礎。

我的中學讀得極不順利，因爲愛打架，屢被退學，所以比同學晚了兩年畢業。

大三那年，我到成功嶺受軍訓，第一個禮拜非常嚴格，熟習各種口令、基本動作等，其中有一項訓練是路上遇到長官，十步左右挺立，五步左右行舉手禮。

有一天黃昏，我洗完澡，在回連部的路上，看到一位軍官，我完全照剛學會的規定，十步挺胸，五步敬禮，與長官剛擦身而過，突然聽到這位長官大叫「武之璋」，我回頭一看，就是方慶達，他說：「真是巧，怎麼在這裡碰到你。」我說：「原來是你，我那麼恭敬地跟你敬禮，真是吃虧大了。」兩人哈哈大笑。

「你怎麼才來受訓？我陸軍官校兩年前就畢業了，現在預一師當排長。」

「都是你害的，還說呢？我原來是好學生，因爲跟你打架，上癮了，後來……。」

人生真是奇妙，兩個小時候的死對頭，十年後在成功嶺相遇，一個是中尉軍官，一個是受訓學員兵。

成功嶺一別，我跟方慶達又是二十多年不見，後來因爲我做公共工程，方慶達在軍中退伍，任職榮民工程處，我們常見面，也常餐聚，在一起跟老朋友喝幾杯。

方慶達已從榮民工程處退休，我也退出商場，兩人都年近古稀，回憶往事，令人發噱不已，對方慶達的反抗，是我成長過程之中，人格塑造的重要經歷。

一直到讀高中我才知道，方慶達的爸爸就是抗日英雄，與日軍一號作戰，守衡陽四十七天之久，第十軍的軍長方先覺將軍。

吃大閘蟹

父親好吃，遺傳給我，我又遺傳給了女兒。從小因爲父親的關係，我就常吃螃蟹，女兒小時也常如此。有一次，全家一起吃蟹，吃了一半，女兒嘟嘟突然把手中螃蟹一丟，跑到廚房用自來水漱口，我跟著到廚房，看到女兒嘴巴腫得跟黑人一樣，痛得哇哇叫。

後來到醫院，醫生說是過敏，有兩條路可選，一是從此不再吃螃蟹，一是經常吃螃蟹，吃到不過敏爲止。嘟嘟選擇跟它拚了，大概連吃了兩個月的螃蟹，後來再也不過敏了。

一九七零年代，因爲生意關係，常到香港，所以每年秋天，吃個過癮。

有一次。香港好友許天普在家裡請吃大閘蟹，大概請了五、六個朋友，開飯前有人送來了一串大閘蟹，算來有十幾隻。我問主人送來幾隻，主人說十二隻，每人吃兩隻，我聽了立刻起身。

「我走了！你根本沒誠意請客，老遠跑來只吃兩隻，不如我到店裡請自己。」

「大閘蟹性寒，不能多吃的，多吃會腹瀉。」主人說。

「誰說會腹瀉，明明是小器。」

「你到底想吃幾隻？」

「至少十隻。」我說。

「不可能！誰吃得了十隻，那麼膩。」

吵了半天，最後所有人聯合起來跟我打賭，我吃十隻螃蟹，他們就輸我一萬港幣，我吃不了十隻，就輸給他們一萬元。

後來主人又叫人送來十隻。當我一口氣吃了六隻的時候，大家都驚訝不已，紛紛勸我不要再吃了，他們認輸，付了我壹萬港幣。隔天我請大家吃飯，上酒廊，把贏來的錢花掉。

廣東人愛吃、會吃，可是對吃有很多禁忌，這些禁忌多是無稽之談。

如廣東人認爲，吃螃蟹後不能吃柿子。有一次，在香港跟朋友吃完大閘蟹，朋友送我回旅館，在路上看到一個水果攤。我想買幾個軟柿子帶回旅館，朋友大驚，警告我千萬別買，因爲吃了螃蟹再吃柿子「會死」。我說那正好，我反正不想活了。結果朋友硬拉住我不准買，並且連拉帶推把我送回酒店，我回房以後休息了十分鐘，估計他們走遠了，偷偷到水果攤買了一堆，回房間就吃了兩個。

其實我多次在吃螃蟹之後吃柿子，從來沒事，連拉肚子都沒發生過，吃螃蟹不能吃柿子，也是無稽之談。

還有一次到香港，回台前一天接到好友朱三哥的電話，責怪我到香港爲什麼不跟他聯絡，並邀我吃晚飯。我向三哥致歉，因只停三天未敢驚動，晚上已有飯局。後來三哥堅持要請宵夜，我開玩笑要美女作陪，三哥慨允。

晚上依約前往，三哥說：你要美女作陪，我請到了林青霞，算不算美女。

我一看，老天！真的是林青霞。那時林青霞雖然紅遍華人世界，美得令人目眩，但我那時已年過中年，經商多年，坐在大美人身邊，倒也從容自在，林青霞也大大方方，跟我聊天。

後來大閘蟹上桌了，我一看，眼都直了，個頭碩大，每隻足足有七兩以上，我悶頭一口氣吃了六隻。等我緩口氣的時候，發覺林青霞早已不在身邊。我問三哥，林青霞呢？三哥說：「早就被你氣跑了，沒看過那麼愛吃大閘蟹的人，林青霞在身邊你理也不理人家，只顧吃。」

三哥後來常拿這件事來笑我。

三哥當年在香港縱橫黑白兩道，傳說與台灣情報機構有關係，一生頗有神秘色彩，六十出頭因心臟病猝逝，而我今年已過七十，人生苦短，對酒當歌。蟹肥、酒醇，吃吧！管他媽的膽固醇。

吃撐了

一九六零年代我讀高中，那時台灣還很窮，軍公教待遇微薄，還好那時有配給制度，主食米、麵等，按月、按每戶人口發放，軍公教不至挨餓。麵粉多來自美援，袋上印有兩隻相握的手，印有美國跟中華民國國旗，上寫中美合作四個大字。

那時物資奇缺，麵粉袋常被用來做內褲。老美常透過天主教會，發放牛油、奶粉、玉米粉之類的糧食。當時很多人跑教會聽道是爲了牛油、奶粉。有一陣子我也常跑延吉街的一家教會聽道，不是爲了牛油、奶粉，而是爲了騙神父郵票。

神父是義大利人，有很多外國郵票。神父很喜歡我，給了我不少，讓我在朋友面前威風了好一陣子，但是坦白說，我從來就是個無神論者，心中從來就沒有上帝。那時的台灣貧窮、落後，是個農業社會，肉都是奢侈品，上館子吃一頓，那更是值得吹幾個月的大事。

那時候台北根本沒有大餐廳，只有小吃店，店名多半叫「南北食堂」之類的店名。老闆大半是山東人，供應生煎包、大鹵麵、蔥爆羊肉之類的吃食，山東人做的生煎包，至今我還認爲是人間美味。

有一次，朋友的爸爸選里長，邀我們一早到他們家幫忙，騎自行車做些送貨、遞信之類的雜活兒。到了黃昏，開票結果當選了，爲了慰勞工作人員，請大家到松山火車站附近的一家「食堂」吃飯，我本來就好吃，再加上忙了一天，一口氣吃了二十幾個生煎包，兩碗綠豆稀飯，還吃了不少菜。吃了一半就覺得呼吸困難，腰一挺直就舒服些。後來我發覺是吃多了，停下筷子的時候已經來不及了。半小時後，不得了啦！胸悶，呼吸困難，小腹脹痛，站著還好，一坐下情況更嚴重。就這樣我一直站到一點多才能坐下。除了身體難受，情緒也糟透了，因爲除了站著，我什麼事也不能做，漸漸地快瘋了，感覺好像有場大禍在等著我，還好十二點以後呼吸漸漸順暢。那時年輕，睡一覺醒來，第二天居然沒事兒。那是一次好笑的經驗，吃撐了比挨餓痛苦百倍。

大河戀

小時候，大河是我們心中的聖河，在三張犁（今天的信義區）長大的孩子，沒有人不懷念大河，當年我們口中的大河，是日本人修的一條灌溉渠道。水來自碧潭，經過基隆路，流經吳興街口，有一個大水閘，把河分成兩段，一段流向延吉街，一段流向世貿信義路段。河分流以後又有許多小閘門，把水分成更多支流，灌溉整個今天松山、信義區的農田。

河寬約十公尺，深約一公尺，水泥河床，水流激，很乾淨。我就在這條河裡學會游泳。那時我們讀四四兵工廠子弟小學，就是今天的信義國小。距離大河不遠，所以常利用中午時間溜去大河游泳。

學校不准游泳，抓到要打手心。不知道那位老師發現，只要用指甲在手臂上一刮，就知道有沒有去游泳。因為游過泳的人，皮膚會出現一條白色刮痕。百試不爽，抓到打五板。後來有同學發覺破解之道，那就是游完了以後在大太陽下快跑，只要跑出一點汗，皮膚就刮不出任何痕跡，就這樣跟學校捉迷藏。一個夏天過去了，很快秋天也過去了，只有少數同學，我是其中之一，冒著寒風，脫下毛衣、衛生衣跳下水，游一陣子，上岸，穿衣後要發抖好一陣子，身體才會回暖。

為了清理河底垃圾，大河每兩年會斷流一次，那是我們最快樂的日子，姐姐跟我帶一個竹子編的掃帚，到河底的小水坑抓魚，有鯽魚、鯉魚、鰻魚等，魚多到幾乎每次都可以滿載而歸。斷流期可長達兩個星期，河裡的魚不被抓走的最後也因缺水而死光，但是下一次斷流，依然有抓不完的魚。

大河水乾净，河底長滿草，媽媽常帶我到河邊，用一根竹桿，在一頭釘幾個大釘子，把竹桿插到河底，把竹桿捲幾圈，拔起來就有一團水草。水草是用來餵鴨子的，除了水草，媽也在田裡拾蝸牛，敲碎了餵鴨子，河水很清，水中魚群清晰可見，許多人在河邊釣魚。有一個山東老伯伯，小矮個兒，拿一隻短魚桿，用米粒釣鯽魚，動作優美，技術高超，我常蹲在旁邊看一兩個小時，沒想到長大以後，我也變成釣魚高手。

我們游泳多在今天吳興國小那一段，因爲那河寬，又有一棵橫長的大榕樹可以攀爬、跳水。有一次就在這兒游泳，游累了，我上岸坐在地上休息，大熱天居然越坐越冷，後來發覺我的腳底被玻璃割了一個大口子，血流個不停，發現時已經滿地是血，結果一拐一拐回家，自己用紗布膠帶包紮、止血了事，不敢跟家人講，因爲爸媽不准我游泳。

小學六年，我們在大河度過無數美好時光。河中的游魚，斷流時抓魚的興奮，從大榕樹上跳水的刺激，不但歷歷在目，而且常常出現在夢裡。如今河不見了，河道變成基隆路，被我視爲全台北最醜的一條路，車多，紅綠燈多，幾乎二十四小時堵車，基隆路兩旁沒有漂亮的樹，尤其靠通化街，光復南路那一段，兩排病懨懨、半死不活的榕樹，還有很多老舊的房子。每當我開車經過基隆路，被堵在紅綠燈，心情煩燥的時候，就會提醒自己，這裡曾經有條美麗的河，我曾經在這裡度過一段快樂的童年，心情就會好些。

修輪胎

我像一個行屍走肉，頭腦一片空白，這個月至少要付三十萬元以上，這還不包括貝貝的學費，貝貝在電話裡很怯生生地問我：「爸你現在有沒有錢？沒有的話，我可以少修幾個學分，或者我自己去想辦法籌錢。」

「不用，我會匯錢給妳，別擔心，我的情況好多了。」說得很大聲，天知道，實際上財務情況在惡化中。

「武哥好久沒來了，你好嗎？」酒店少爺問。

「武哥丰采依舊嘛！聽說前一陣子手風不順，沒關係。武哥吉人天相，一定會東山再起的，來！敬你一杯。」酒店經理說得舌粲蓮花，但我聽起來一陣噁心。

我本來就對台灣的酒店文化十分厭惡，公司垮了以後，更是沒心情涉足風月場所，但是老沈的好意實在不忍辜負，所以經過一番掙扎我還是來了，強顏歡笑喝再多酒，也無法掩飾自己內心深處的憂愁。很多次被眼尖的酒店小姐看出來了，「武哥，好像有甚麼心事，今朝有酒今朝醉，船到橋頭自然直。」

妳知道個屁，我闖了滔天大禍，已經傾家蕩產了。因爲人緣好，除了銀行、國稅局以外沒人逼債，再加上朋友一直幫忙尋找出路，所以挺到今天，可是一年多了，好多機會只欠臨門一腳，結果總是泡湯。天乎？命乎？我最近常想到張伯伯在爸死後，輓聯的句子「君是光居門下一英才，文武兼資應上台，李廣多奇終不遇，山陽笛韻容餘哀」，父親只是懷才不遇未蒙大用，「李廣多奇」，「多奇」的結局是自殺，難道「李廣多奇」的厄運要應在我頭上。

「沈公，快十二點了，我要先走，明天一大早要開會。」開個屁會，現在還有人找我開會？只是實在坐不下去了，光一大堆債就使我憂心如焚，那有心情跟那些殘花敗柳打屁。

走出酒店大門，數數口袋還有五百元，剛才換了兩千元零錢，付了一千三小費，給停車小弟兩百，還餘五百，這是最後五百塊，花完呢？小錢只有向陳小弟開口，但陳小弟已經送我一部舊VOLVO，又前後跟他拿了十幾萬了，聽說他的餐廳也垮了，怎好再找他，唉！別想了，再說吧！

車子開了幾公尺就感覺不對，下車一看，右前輪漏氣，只剩三分之一的氣，用腳踢一下輪胎倒還硬，也許勉強可以開到我家附近的修車廠。到了修車廠，發現鐵門已經關了，因爲老闆是熟人，所以我不客氣的用力拍門，老闆睡眼矇矓的起來了，到底是幹粗活的人睡得早，我心中帶有幾分歉意對老闆說：「抱歉半夜把你叫起，輪胎快沒氣了，幫忙弄一下。」

「沒問題，沒問題！」說著叫醒了兩個小徒弟，稀哩嘩啦，幾分鐘輪胎就補好了。

「謝謝老闆，多少錢？」

「一百塊！」轟然一聲像腦門挨了記重拳，胃裡一陣翻騰想吐。

「不行！半夜把你們叫醒，只收一百太離譜，算三百好了。」

「開玩笑，大家老朋友了，不可以，一百就一百。」

天啊！這是什麼世界？剛才酒店小弟拿個毛巾給兩百，而小弟還不太滿意，小妹倒酒也要二百，停車小弟一位也是兩百。修車廠又是機具又是租店面，靠技術靠勞力，半夜三更三個人弄了半天，只收一百元。

台北是什麼世界？抬頭看看混沌的天空，我對台北突然陌生起來。

大熊湖釣大鯉魚

大熊湖在洛杉磯，離市區約兩個小時的車程，是一個高山湖泊，山高八千多英呎，原來是個小湖，修了水壩以後變成了一個大湖。湖的四周有許多高大的加州松，以及許多不知名的杉樹、柏樹，林象非常原始，湖光山色，風景如畫，冬天可滑雪，是洛杉磯著名的旅遊區，更是我一生當中最喜歡的釣場。湖中有大魚，我在大熊湖曾經釣過十條一公尺以上的鯉魚。

說起釣魚，我會毫不謙虛，說我是高手，各種魚、各種釣法，從台灣釣到美國洛杉磯、舊金山、明尼蘇達、夏威夷，從山溪急流到台南曾文水庫，到深海拖釣。除了釣友切磋、買專書研究，還正式拜師學藝。一直到今天，釣魚還是我最喜歡的休閒活動。

鯉魚的原產地是中國，中國人不但愛吃，而且視爲吉祥動物，鯉魚更是畫家最喜歡的題材。在許多年前，美國人引進鯉魚，爲了清理河道中生長最快的水草，誰知道鯉魚非常適應美國環境，快速繁殖，影響了本土魚類的生存，美國人嫌刺多，不吃鯉魚，發覺鯉魚成爲一害，但爲時已晚，無計可施。

美國人對付鯉魚的唯一方法，是釣鯉魚不限魚身長度，不限幾尾，在美國釣魚，大多數有長度及尾數的限制，如淡水鱒魚，每人每天不可超過三條，如海水鱸魚，釣到一呎以下的要放回海裡，但是鯉魚沒有任何限制。美國人不吃鯉魚，不釣鯉魚，所以美國鯉魚又肥又大又多又好釣，尤其在風景如畫的大熊湖釣鯉魚，是我一生中最美好的回憶。

大熊湖的魚類頗多，最多的是鱒魚、鱸魚以及鯉魚，湖邊有很多木製平台，專供釣魚之用，許多老美在釣魚平台上租一躺椅，旁邊置小木桌，小桌上放兩罐啤酒，一台收音機，身旁有一魚竿，竿尖有一小鈴，閉目養神，耳聽音樂，口喝啤酒，鈴聲一響即刻收竿。如此悠閒，如此被動，魚獲當然不佳。當然不佳的另一原因，是老美用甩竿沉底釣法，鱒魚是掠食性浮游魚類，很少到水底就食。我用手竿單勾，餌用鮭魚卵，掛浮標，餌不沉底，手持魚竿不停晃動引魚進食，魚獲驚人，一個小時可以釣數十尾之多。因為美國政府規定，只能帶回家三尾，多釣的魚分贈左鄰右舍釣友，時間久了認識許多釣友，他們叫我「冠軍」，我也欣然接受。

釣鯉魚，我是用自製釣餌，用三個紅薯，一包綠頭粉，半包玉米粉，一大把麵粉。紅薯先煮熟，攪和均勻後用手來回捏成球狀。垂釣時用手竿、浮標、掛耳一粒桂圓大小，釣到的魚二斤到二十幾斤都有，有一次我跟一位山東華僑孫振民（中醫師，目前在洛杉磯），兩人從中午釣到黃昏，共釣了兩百多斤大鯉魚，拍照存證後全部放生。

大熊湖有特大號鯉魚，照理說應該用甩竿，配上捲線器來釣才對，但是用手竿細線，可以享受搏魚快感，既鬥力又鬥智，同時也多給魚一些逃脫的機會。用手竿釣大魚，是技術也是藝術。

有一天我眼睛盯著浮標，久久沒有動靜，一恍神浮標不見了，正在用眼搜索，忽覺手中魚竿一沉，本能地把魚竿往上一揚，一股拉扯之力傳來，知道魚上釣了。力道不太大，似乎不是大魚，但是一分鐘過去了，力量沒有絲毫減弱，突然魚竿猛往下沉，一陣猛力，我用雙手撐住，魚竿彎成倒U型，竿尖將近一半沒入水中，我用盡渾身力氣，隨著魚的方向移動，魚往左游，我把魚竿更往右撐，魚往右游，我把魚竿更往左撐，魚往下竄，我站起來高舉雙手。那種感覺，心悸、亢奮、恐慌，似乎身陷敵人重圍之中，進行一場慘烈的搏殺，漸漸地魚的力道減弱，只往左右游，不再往水下竄。

這時候我也漸漸冷靜下來，發覺後面站了一大堆人，七嘴八舌地在說話：

「這條魚一定拉不上來，遲早斷線。」

「撐了那麼久了，魚已經沒有力量了，這條魚準跑不掉。」

「敢不敢賭？」

「賭就賭！」

「賭多少？」

「我也參加。」

又過了漫長的十分鐘，魚終於浮出水面，乖乖！長度超過一公尺，肚子有足球那麼粗，我的撈網不夠大，無法把大鯉魚撈上岸，一個老美讓我用他的撈網，網口約八十公分，但網不夠深，柄是鋁做的，一用力，柄就弄彎了，最後我決定把魚放掉，脫勾時發覺，魚鉤勾到魚唇邊的軟骨，怪不得，要是勾到魚肉早就脫勾了。當一位老美拿一罐啤酒給我的時候，我發覺手不停地抖，連抓一罐啤酒的力氣都沒有。

放走大魚，魚友一陣掌聲，有位老美拿給我五塊美金，原來一堆觀眾，每人一元，分兩邊對賭，勝方從贏來的錢抽出五塊給我吃紅。

收竿清理魚具，回到車上早已精疲力竭，把車窗打開，駕駛座椅放平，酣睡了半個多小時。在回家的路上，突然發覺忘了照相，頓時捶胸頓足，懊惱不已。我車上有照相機，許多旁觀的魚友也有照相機，隨便拜託誰，都會幫我照一張相片爲存證，否則說給朋友聽，無憑無證，保證引來一頓嘲笑，沒有照相，令我懊惱至今。

那條魚估計一百二十至一百三十公分，二十到三十公斤，是我這一生釣到最大的淡水魚。

我的舞台回憶

一九四九年以前，上海有一老戲院，門口掛了一幅對聯：

歡迎袖手旁觀客
來看逢場作戲人

短短的十四個字，意義深長，耐人尋味，人生如戲，戲如人生。有些場景你是演員，我是觀眾，有些場景則相反。既然人生如戲，那逢場作戲，不必太在意，無論帝王將相、販夫走卒，戲一結束，回歸塵土。假如人生如戲，就暫時逃脫「我」自己扮演的角色，用觀眾的立場看看「我」的一生，倒也五彩繽紛，尤其是愛好京劇的部分，我曾多次粉墨登場，以觀眾的身分，穿插人生舞台的我，回顧京劇中的「我」，那是一種戲中戲的趣味，頗有莊周夢蝶的玄機。

父親是馬連良先生好友，曾經跟金少山先生學花臉，因為嗓音不合適，自覺味道不對，有一天問金少山：「有什麼辦法可以進步快些呢？」金少山皺眉、抓頭，作沉思狀，突然一拍大腿說：「有了！」「什麼辦法？」父親以為有了仙丹妙藥，興奮不已，誰知道金少山慢吞吞地說：「你以後別唱花臉了！」後來父親跟馬連良先生學老生，嗓音高亢、中氣十足。我愛唱戲當然受了父親影響，媽媽愛河南梆子，是豫劇皇后陳素貞好友，陳素貞藝名狗妞，我媽媽是捧狗團團長。

兩蔣時代非常重視京戲，稱京戲為「國劇」，軍中陸、海、空、聯勤有四個劇團之多，設復興、海光、陸光三個劇校，培養新一代戲劇人才，後來從李登輝到陳水扁搞去中國化，劇校、劇團全部裁撤，目前只剩下復興劇校。

當年不少一流演員來台灣，京劇在台灣也風光了好一陣子，但是台灣缺花臉，我有花臉嗓子就成了稀有動物。小時候常聽父親唱戲，會個一句半句。我正式學戲是在大學參加平劇社以後的事，老師發覺我的嗓子可以唱老生，也可以唱花臉，我自己喜歡老生，但是同學、老師強迫我唱花臉，因為唱花臉的人少，很多戲要花臉搭配，如果我不唱，缺角的時候找職業演員幫忙，那要付出不少酬勞。時勢造英雄，就這樣我可紅了一陣子。大學四年粉墨登場無數次。有時候整理照片看到劇照，記憶裡從來沒有演過這齣戲，但是看照片背後的記錄，確實是我的劇照，可見當年演出之多。

當時兩岸互不往來，我們能聽到的京劇錄音帶，都是四九年以前的舊資料，台灣也流行裘派，但是台灣職業淨角大多是架子花，如出身富連成的孫元坡、上海劇校的牟金鐸、老伶工王福勝，唱銅錘者只有票友出身的陳元正。我們票友學裘派，只有聽錄音帶，裘派發音複雜，沒有老師指點唱不好。改革開放以後，我第一次到北京，裘派名角李欣清請我到他家吃飯，飯後他找了幾個師弟師妹拉拉唱唱，我唱完了一段鍘美案以後，李欣清皺著眉頭問我：「您唱的是裘派嗎？」我說：「是呀！」李欣清說：「您這裘派還真自由。」我楞了幾秒鐘沒聽懂，聽懂以後哈哈大笑，心想北京人罵人不帶髒字，果然名不虛傳。

從八〇年代到九〇年代，我常到香港看戲，在香港認識了許多大陸一級演員，後來都成爲好朋友，如袁世海、厲慧良、方榮翔、尚長榮、李欣清、孟廣祿、楊燕毅等，他們或多或少都指點過我的唱法。

人生如戲，鑼鼓聲中，上台下台，不知不覺，我的人生已經過了一大半，老一輩的國寶級演員如袁世海、厲慧良、方榮翔紛紛作古，但是他們的藝術風範，卻永遠活在觀眾的心中。

在人生的舞台上，我是觀眾，也是演員。我的來日無多，好好演完這齣戲吧！我的前半齣戲夠精彩了，後半齣不可以有冷場。

天津演出記

二十多年沒有上過台，沒想到七十之年，還能登台演出，而且是在觀眾最多的天津，真是人生如戲，世事難料。

馮德曼女士是台灣鬚生名票，曾受教於冬皇孟小冬，馮女士第一次跟我提起，邀請我到天津唱「空城計」，要我演司馬懿。我嚇了一跳，馮女士理由之一是，在老到不能動彈之前，留下來做紀念，這句話打動了我；答應的原因之一是，司馬懿是配角，戲不多，不會太難，結果就答應了。

天津的朋友很多，孟廣祿、鄧沐瑋、康萬生、李佩紅等都是老友。那時他們都還二十多歲，到香港演出認識的，後來一度常來台灣，經常見面，一晃眼，他們都步入中年，我竟步入老年，但是我的人生觀卻更積極了，因爲來日無多，所以要及時行樂，因爲來日無多，所以要完成多年來的寫作計畫，因爲來日無多，所以沒時間唉聲嘆氣。

行前在台北第一次排戲，我發覺糟了，怎麼什麼都忘了？上場、下場、轉身、拿馬鞭等基本動作都忘了，馮德曼跟她老公宮大哥看在眼裡，都非常著急，我心想九號到天津，十八號演出，有什麼好急的？

到了天津，沒想到孟廣祿、鄧沐瑋等可以教我的老師都不在，時間一天一天過去，演出在即，我還未進入狀況，如何是好？還好同行的苗豐淞大哥，是資深花臉票友，因爲家在美國，經常參加華人票房演出，號稱美國第一花臉。苗大哥嗓音渾厚、功架漂亮，做我老師綽綽有餘。到了天津，在酒店，苗大哥每天強迫幫我排二到三次戲，天津胡琴名票經先生，也熱情邀我們去他家吊嗓，十五號鄧沐瑋回到天津，立刻參加排戲，演出前嚮排一次，彩排一次，樂隊鼓佬崔洪、胡琴王悅都是老友，他們知道我舞台動作生疏，所以特別照顧。

演出那天幾乎滿座，除了「空城計」外，還有「穆桂英掛帥」，演穆桂英的是台灣名伶徐玉蘭小姐，父親徐煥昇，曾任空軍總司令，徐小姐婚後赴英，退出菊壇多年。開鑼戲是天津青年劇團的「鬧龍宮」。

戲是好戲，馮德曼、徐玉蘭無論嗓音、扮相，作表皆屬一流，而且她們在舞台上的表現，比大陸的演員多了一些傳統味道。

演出時掌聲如雷，演出後嘉評好潮，但是遺憾的是，所有榮譽都是她們掙來的，與我無關。

我的表現，只能用「不堪回首」或「不敢回首」來形容。票友上台多半只能靠唱，彌補作表的不足，那天我的唱也出了問題，原因是久不調嗓。馮德曼數度跟我講有對唱的那一段她願意降低調門，但被我拒絕，因爲諸葛亮是主角，我寧願表現差一點，也不願影響馮德曼的發揮。

在舞台上，不但唱「有本督」那段，原板出現了幾個怪音，而且動作僵硬宛如木偶，表現如此之差，天津觀眾還不吝給我掌聲，真是大度。

回到台灣之後，羞愧之心未曾稍減，而馮德曼到處宣揚我演出成功，我說：「謝謝你的鼓勵，演出好不好，我心裡有數，將來ＶＣＤ不要給我，給我也不敢看。」我想假如有膽量，有機會，再度在天津演戲，一定預先排練得滾瓜爛熟，挽回一點面子。

多明尼加唱法門寺

年輕時做紡織品外銷，爲了業務，幾乎跑遍大半個世界。第一次到多明尼加，就愛上這個國家。那好像是一九七五年的事。

多明尼加曾經是殖民地，那時經濟依然操縱在少數西班牙人手中，我的客戶就是西班牙貴族。談完生意，客戶帶我到處遊玩，多明尼加是個大島，一半是多明尼加，另外一半是海地共和國。多明尼加繁榮富裕，風景如畫，是度假聖地，海地卻是全世界最窮的國家之一。海地當年是黑奴買賣集中地，人口百分之九十五以上是黑人。

多明尼加海水靛藍，沙灘是白色的，比拳頭還大的琥珀俯拾皆是。多明尼加四季如春，繁花處處，號稱加勒比海的夏威夷。

回台灣的前一天，西班牙客戶請我到他家吃飯，西班牙人很重視家庭倫理，請朋友回家吃飯是很嚴肅的事。他家在一個小山丘的別墅區，院子很大，有游泳池。吃完了一頓豐富的大餐以後，主人叫他美麗的小女兒彈了一段鋼琴給大家聽。女兒約十四、五歲，美得像仙女，坐在鋼琴面前神態高貴、優雅。動人的弦律從指間飄出，那畫面，那琴音，令人至今難忘。

小女兒彈鋼琴以後，主人對我說，根據他家的傳統，貴賓到家裡作客，一定要跟全家合影，同時要留一段錄音，唱歌、彈琴或說一段話均可。我考慮了一下，決定唱一段京劇——法門寺中，「好一個膽大的眉鄔知縣，把一樁人命案審問倒顛，限三天將人犯一齊帶見，少一名將人頭懸掛高桿」那四句。唱完後整個社區的狗狂吠不已，連家人的掌聲都聽不到了。過了半小時，喝完了咖啡，整個山區的狗依然狂吠，在屋裡連近距離交談都聽不到對方講話。

最後主人提前送我回酒店，多明尼加的狗第一次聽到，也可能是最後一次聽到，有人唱京劇。而且唱的是花臉，花臉的發音本來就帶幾分禽獸的聲音。

三、大家的故事

老革命之死

老革命姓卞，名炳章，江蘇阜寧人，民初完成高中學業後，與兄卞大章先後從軍，兄弟二人國學基礎皆好，大章先生軍校八期畢業，抗戰期間從事役政工作，曾任團管區司令，頗有勞績，晉升少將，來台後長期任職國防部。

卞炳章先生畢業於軍校十四期，來台後亦任職國防部，幹練而勇於任事，英挺瀟灑，有「明星上校」之美譽，八二三炮戰，任前線補給處處長，負責金門武器裝備補給，掌握軍情，調動武器彈藥，在槍林彈雨之中設法搶灘。炮戰期間，睡在辦公室的行軍床上，長達三個月之久，事後，長官升官，部下授勳，而卞炳章僅記一小功，憤而退伍，任職煙酒公賣局埔里配銷處主任，隱居山明水秀之鄉，不問世事直到屆齡退休。

退休後移居台北新店，目睹台灣社會之大變化，李登輝之亂、民進黨之亂、陳水扁之亂，忿而無法自遣，久之漸得憂鬱症，後又得柏金森症，經藥物控制後漸有起色，行動亦日漸正常，然心情鬱悶，憂心國是如舊。

長女卞璞育二女，外祖父自幼疼愛有加，二外孫女亦乖巧孝順，每星期六或星期天陪伴外公吃一頓晚飯。

有一天正在吃飯，炳章先生對女婿說：「唉！我每個禮拜就盼著今天，只有今天我心情會好，可是過了今天又無聊得要死，這樣活著有什麼意思？」

未久，炳章先生給夫人胡貞女士、兒子、女兒、女婿、外孫女每人一張毛筆遺囑，交代晚輩自立自強，後事從簡不辦公祭，並口頭鄭重交代女婿：「死後火葬，骨灰灑到碧潭，隨著河水漂向五湖四海，你岳母及吾之子女必不肯奉命，你要替我力爭，完成我的心願。」

女婿雖業商，但雅好近代史，翁婿之間意氣相投，故託以後事。

大家接到遺囑雖感意外，但都認爲是他對自己健康沒有信心，才會預立遺囑，但是他們都猜錯了。

半年過後的一天凌晨兩點多，炳章先生在家中上吊自殺身亡，死前穿著西裝，打了兩條領帶，打活結，把領帶吊在客廳鋁門窗的橫樑上。留有兩封遺書，一封給警方，謂余是自殺身亡，不必勞煩偵查；一封給妻子，謂嫁我以來一生勞苦，風燭殘年，不忍再拖累妳，並囑家祭時，放大桌上自選之戎裝照片。

炳章先生至死以身爲革命軍人爲榮，自稱是永遠的老革命，一生立身行事，也以軍校學生團體榮譽，爲自律之最高標準，一生尊稱蔣介石爲「蔣先生」或「蔣校長」。

生前曾因肺炎及病毒感染而病危，高燒不退之際囈語曰：「轟炸！轟炸！」「胡宗南部隊來了。」「洛陽失守了，過河！過河！」「集合，集合，快集合！」戰亂、流離在炳章先生的腦海中烙印之深，數十年之後之囈語，依然令人聞之戰慄。

炳章先生是一個非常有榮譽感的軍人，個性光明磊落，嫉惡如仇，當他發覺健康日壞，越活越沒尊嚴的時候，不願意拖累家人子女，在行動還辦得到的時候選擇了自殺，選擇有尊嚴地結束自己的生命，不愧爲老革命，真英雄。

有人要問我對炳章先生的故事爲什麼那麼清楚？因爲他就是我的岳父。

憶杜希夷伯伯

爸爸一生的遭遇，有點像漢朝的開國老臣馮唐，不上不下。能力很強，資格挺老，但因爲時間尷尬，再加上性格執拗，終難有大成就。

來台灣以後，像大多數的外省人，避秦南渡，英雄末路，終日爲衣食和子女教養所困。除了正業在四十四兵工廠擔任聘任專員外，媽媽孵豆芽、養雞。爸爸在學校兼課，勉強維持八口之家，可謂卑微地終老，最後埋骨異鄉。

爸爸在台雖不得意，卻有許多有頭有臉的好朋友，包括監察委員、立法委員、國大代表等。這些民代根據憲法，都有任期，但是因爲內戰關係，無法回原籍改選。政府爲突顯中華民國的正當性、代表性，也只好修改憲法，無限期延長任期，於是他們被「黨外」（民進黨前身）譏諷爲「萬年國代」、「萬年立委」。他們法律地位被質疑，是八零年代以後的事，之前可是台灣的一批特權階級，威風了數十年之久。

有幾年過農曆年，立法院會有一輛大巴士停到家門口，約有十多位豫籍立法委員、國大代表來家裡拜年。那時我已上高中，已經知道老爸的社會地位跟他們相去很遠，他們沒有一個不是大人物，而老爸毫無疑問的是小人物，世界上那有大人向小人物拜年之理？

終於有一天，我忍不住問爸爸，他們爲什麼集體來給你拜年。爸爸淡淡的回了我一句：「因爲我混得最不好。」坦白講，這句話我琢磨了很多年才懂。

有一次，好友沈燕士先生請客，主客是杜小春博士。沈燕士特別強調，杜博士是河南老鄉。見面一聊，杜小春的父親是爸的好友，立法委員杜希夷老伯。杜小春留美多年，獲博士學位，在美教書多年，現已退休，但還帶三分河南土氣，令人倍感親切，再加上長輩的交情，我們很快也成了好友。

有一天整理爸爸的遺物，我赫然發現，一張杜伯伯以前河南某中學校長名義出具的證明書。內容是證明武某某在其校長任內在校任教三年。我看第一眼就覺得，這張證明書有蹊蹺，再一查時間，其中有一年半的時間，爸在羅山當縣長，這張證明是僞證。

我也從來沒聽爸說，他在大陸教過書。爸爸可能就是靠這一紙證明書，取得了中學教員的資格。多一份教員薪水，對我家有多重要，家中有五個學生，長達十餘年之久，收入僅夠溫飽，繳納學費必需要舉債。真不知如果沒有教員這份薪水，我們的日子怎麼過？

爸爸古書讀得極好，教書除了增加收入，他也頗能勝任這份工作，熱愛這份工作。

杜伯伯冒了僞造文書的法律風險，幫了我們家大忙。但是，杜伯伯跟爸爸並不常往來，他們之間真是君子之交淡若水。

一九四九年國民黨大潰敗，五億人口大國的菁英，退到只有三萬多平方公里的小島，多少才學兼備的人才投閒置散，多少英雄豪傑賫志以歿，爸爸只是其中之一，對此毫無埋怨，反而常常勸媽媽：

「國難期間有什麼好埋怨的？何況我們比上不足比下有餘。」

但是在那個時代，從爸爸朋友坐立法院交通車來拜年，到杜伯伯替爸爸開具任職證明書，可以看出老一輩知識分子之間的情誼。

抗日悍將馬包林

抗日戰爭期間，僞軍，日本人稱「皇協軍」，是日本人裝備、訓練，聽日本人指揮的中國軍隊。僞軍份子複雜，有來自地方團隊者，有來自軍閥部隊者，有的是被招安的土匪。在抗戰時期，僞軍主要任務是維持淪陷區治安，戰時擔起日軍馬前卒或通風報信的任務，鮮少與國軍正面作戰，因爲日本人也不信任僞軍，怕僞軍陣前起義。

實際上，除少數喪心病狂的僞軍將領外，大多數「身在曹營心在漢」，暗中跟中央或陣前國軍指揮官有聯絡，經常提供國軍情報。國軍和僞軍之間或有往來，或有默契，鮮有激烈戰鬥者。

一九三〇年父親在河南黃泛區與日軍對峙，有短暫的和平。日軍國軍防區之間，有一個三不管地帶，駐有一團僞軍，團長東北軍出身，保定軍校畢業，很識大體，與國軍秘密往來，彼此相安無事。後來該團調來一位新營長，很有「幹勁」，經常清鄉，引起百姓怨恨，民團反抗，被其攻擊傷亡甚眾。

父親透過管道，通知這位團長，要嚴加約束自己部下，不得擾民，否則要代爲「收拾」這位營長。

警告了一段時間，僞軍營長惡行依舊，父親交代部下馬包林，收拾這位連長。

馬包林土匪出身，不識字，自幼好勇鬥狠，曾拜師學武，成年後浪跡江湖，橫行一方，據說一身輕功，可飛簷走壁。抗日軍興，基於民族大義而奮起田野。後爲家父收服，當作貼身侍衛，可手持兩把盒子炮，或雙槍齊發，或一手發射，一手換子彈。馬包林一臉大麻子所以有人叫他麻包林，長得醜卻笑口常開，更令人望而生畏。

馬包林接到命令不久，組成了一個突擊小組，夜間摸黑，把僞營長架出來了，處死後大卸八塊，釘在縣城上（似乎是羅山縣）。

天亮後，百姓發覺僞營長在城牆上的屍塊，並看到白漆寫的「替天行道」四個大字又興奮又驚恐，生怕日本報復，當夜就傳出僞軍炸營（註）的消息，又傳出日軍要與僞軍大舉清鄉，但都只是傳說，日僞軍隊一直沒有行動。

倒是該團因爲驚恐過度，軍心不穩，逃亡者眾，不久被調到後方去了。

馬包林經此事件聲名大噪，許多將領爭相延攬，但他始終對父親忠心耿耿，追隨左右，一九四四年春渡黃河時淹死，惜哉！

註：炸營，軍隊過勞或精神緊張，熟睡時有人做惡夢，大叫一聲以後，全連官兵無意識地跟著盲目大叫，此時有經驗的軍官鳴槍，或吹集合哨，可以使大家清醒。

金門八三一春聯

二次大戰結束已逾半個多世紀。戰後多數國家的老兵大多解甲歸田，在社會上享有英雄般的尊榮，悠遊太平歲月，安享餘年。

但是只有追隨國民黨的老兵，八年浴血抗戰，接著又打了四年內戰，倉皇撤退到台灣以後，沒想到至此離開故鄉，在台灣一住就是幾十年，有的早已老死，有的一直到垂暮之年，才能回老家探親。

當年來台官兵，皆在青壯之年，政府又在整軍經武，企圖反攻大陸，所以不鼓勵官兵成家，結婚須上級核准。當時財政困難，軍人收入微薄，大多數無力娶妻。政府深知軍人性問題需要解決，所以在各地皆有營妓，營妓的官稱「軍中樂園」，女孩子多來自鄉下窮苦人家。金門由於位處前線，娛樂少，所以軍中樂園生意特別好，有一年過年，不知哪位軍中才子，在門口貼了幅春聯：

大丈夫効命沙場

小女子為國捐軀

橫批是「日理萬機」

據說這副對聯，每年過年都有人重寫，在軍中樂園掛了好些年。

有一次在一個扯淡的宴席上，我說了這副對聯，居然有位女生問我，日理萬機的機是哪個機？我回答是飛機的機，引得大家大笑不止。

服兵役時，聽一位軍官講了一個故事，有一位士兵，與駐軍附近百姓之妻有染，被捉姦後移送法辦，當時軍法官有一個習慣，在案子判決後，對被告問幾句廢話，其一：「你對判決服不服氣？」被告照例回答：「服氣。」其二：「你對犯行後悔不後悔？」被告照例回答：「後悔。」於是定讞。軍法官將這位士兵判處有期徒刑三年半，又問被告：「服不服？」被告說：「服。」軍法官又問：「你後不後悔？」被告說：「不後悔！」軍法官頗為吃驚問：「為什麼不後悔？」被告非常果決地說：「報告法官，我這一輩子都沒有嚐過良家婦女的滋味，所以不後悔！」這個故事在我聽來，謔中帶淚。

當年第一代老兵來台時，年長者約二十五歲到三十五歲，他們一直到退伍，台灣經濟情況都不好，有的靠退休金娶鄉下女子，婚後由於妻子是純樸人，所以多能白頭偕老，但是由於收入有限，所以子女無法受良好教育，不少兒子去讀軍校，繼父親之後再成為職業軍人，也有不少老兵的女兒，因經濟因素而墜入風塵，當然也有不少子女頭角崢嶸，出人頭地。

我十分關心這些老兵的第二代，對他們有一份特殊的感情，也曾經照顧一些爭氣向上的第二代。每當我得知哪個第二代子女事業有成，心中會特別感到欣慰，有時碰到第二代作姦犯科，成為社會邊緣人，會特別感到悲戚與同情。他們大多數都活在自卑自責的情緒中，但是往往不知道他們的父親是中華民族的英雄，上蒼對他們的父親及家族不公不義，錯並不在他們。

這些英雄們無論在台灣或是在大陸，沒有得到應有的尊敬，在台灣雖然窮困卑微地活著，但至少精神上是自由的，後來台灣富裕了，他們至少可以衣食無虞，終老此島。而在大陸的許多英雄們，包括抗日名將許德厚將軍，被打成戰犯、黑五類，受盡非人待遇，幸運的活過文革，也許還能過幾天的好日子，但是太多的人，在文革前含冤帶恨而死。

內戰結束了，中國強大了、富裕了，不會再有人欺負我們了，所有中國人應該記取歷史的教訓，永遠不再發生骨肉相殘的悲劇。

將軍淚

老將軍從到台灣那天開始，就真正解甲歸田了。政府在板橋配了間日式獨棟房子，雖然陳舊了點，還算寬敞；除了一家老小，還住了五個老部下，有貼身保鑣、傳令、司機、廚師，這些人跟著老將軍出生入死，親如家人，生活重心似乎全在老將軍一個人身上。

「總司令今天心情特別好，因爲明天兒子、孫子都要回來吃飯。」老李眉飛色舞地說。

「廢話，小孫子爺爺長，爺爺短地，司令樂得合不攏嘴。」

老將軍來台之初，還忙了些年，應酬、開會，夢想反攻大陸，後來國際局勢變化，反攻大陸變成不可能，老一輩外省人漸漸老去，老將軍的公、私活動都逐漸減少，大部份的時間都閒在家裡看書、寫字。有時十天半月不出家門一步，活動少了，穿著也漸漸隨便，走在路上就像北方來的鄉下老頭，誰也不知道老將軍在大陸曾經統兵十萬、縱橫軍政兩界數十年之久。

有天廚師老王在菜場買菜，不知怎的與當地人發生糾紛，被人圍毆了一頓，受了點傷，後來鬧到派出所，老王要求對方道歉，賠醫藥費，所長偏袒對方，老王受了委屈回家向老將軍告狀。老將軍憑多年聽訟經驗，不敢輕信一面之詞，於是大駕親臨派出所，想瞭解實情。

「請問所長，我家老王說他被打了，要求對方道歉、賠醫藥費，似乎合理，對方爲什麼不賠，也許老王沒說實話，我想了解情況，如果錯在老王，被打活該，我絕不護短。」

「對不起，老先生，這個案子已經結了，我們很忙。」

「怎麼結案了呢？你們有什麼權利結案？這是傷害官司，有一方不願意和解，你們只有移送法院的權利。」

老將軍有點火氣了，可是還是耐著性子跟派出所所長說話。

「我現在代表老王，要向法院提出告訴，請你傳對方做筆錄，然後請你依法移送。」

「你少囉嗦，你是什麼東西，居然教我辦案，再不走我告你妨礙公務。」派出所所長有些老羞成怒，指手劃腳地斥責老將軍，同時右手不停地拍打腰間的手槍，明顯地意在恐嚇。

老將軍看著這位所長，深呼吸了一口氣，臉脹得通紅，似乎想忍不住說了，站起來整整頭上的呢帽，狠狠地瞪了所長一眼，準備走人。

「我最討厭你們這種人倚老賣老，老子就不吃你這一套。」

老將軍回頭，目露凶光，瞪著所長，輕輕地問：「你說什麼，你再說一遍？」

「我說過了，爲什麼要再說一遍?你又不是聾子。」

「嘭！」一聲，老將軍用枴杖打在所長的辦公桌上，墨水、筆、紙被震倒一地。

「混帳!你配不配穿國家發給你的制服，你配不配領國家的薪水?只會包賭包娼，一件小案子要你秉公處理，你就這樣刁難，就這樣耍威風……。」

老將軍一枴杖打得聲震屋瓦，許多年輕警員都圍上來了，只見老將軍聲色俱厲地罵人，所長面無人色，低頭不語，大家面面相覷，不知如何是好。

老將軍罵夠了，揚長而去，留下所長獨自發呆。他被嚇壞了，為什麼一個老先生有那麼大的威勢，我沒犯什麼錯呀！他幹嘛生那麼大的氣，我又為什麼怕他？所長的思緒陷入混亂。

兩天後早上十一點多，家門口突然來了一部黑頭車，三部警車。

「報告司令，警務處長羅揚鞭來看您了。」

羅揚鞭穿著警官服，戴滿了勛章，手捧著帽子，滿臉笑容地走進來了，看見老將軍立正行了個標準軍禮，「總司令好！」

「你們小題大做了，我跟主席講，叫你不要來，你怎麼親自來了，勞駕，勞駕！」原來是周至柔主席命令羅揚鞭來看老將軍。

「主席要我代問候總司令身體好。」

「謝謝！謝謝！還過得去。」

「主席叫我請示總司令，有沒有需要主席効勞的地方，如果有，儘管吩咐！」

「謝謝周主席關心，退休之人，生活簡單，沒有任何事要煩勞主席，請轉告主席，主席正值壯年，位高權重，要保養身體，多為國家做些事情。」

一陣寒暄之後，羅處長把話題轉入正題。

「報告總司令，主席關心家裡人被打傷的那個案子，分局長經過詳細的瞭解，派出所的確處理不當，已經記所長一個小過，調離主管職務，案子也移送地院，這樣做不知道總司令有沒有意見？」

「好！秉公處理就好，警察工作太重要了，或爭取民心，或引起民怨，全在警察，你很能幹，又是軍人出身，好好幹！好好幹！」

當年的板橋相對台北而言，是偏遠的鄉下，將軍一住就幾十年，豪情壯志隨著歲月流失，默默無聞、卑微地活在鎮上，平日足不出戶，左鄰右舍也不知這家人的底細。

沒想到跟派出所吵了一架之後，一夜之間變成家喻戶曉的大人物。

「警務處長親自到他家道歉哩！」

「老將軍做過總司令，做過省主席耶！」

老將軍變成鎮上「大人物」以後，漸漸地忙了起來，常常替鎮上鄰居證婚，也常常做人家的治喪委員會主任委員，當然喪家大多數不認識，偶爾也到小學畢業典禮演講，老將軍因為身體好，對這些活動也樂此不疲，漸漸成為各方尊敬的長者，任何糾紛，雙方告狀，老將軍把兩造叫到家裡吃一頓餃子，立刻化敵為友。

將軍又活了過來。為了常應酬，特別拿了一塊別人送的西裝料子，做了套西裝，算來已經三十多年沒穿過新西裝了。重要應酬將軍一定穿西裝打領帶，有時主持婚禮會透過立委朋友借車，立法院的車都是美國大車，很氣派。

用現代流行的名詞來說，將軍本土化了，跟左鄰右舍、賣麵的都成為朋友，也學會了幾句台灣話，台語不靈光，但本省鄰居很喜歡聽老將軍說台灣話，有親切感。

將軍崛起於民初軍閥混戰時代，雖係地方部隊，卻軍紀良好，與一般只知歛聚擾民的軍閥大不相同，民國十六年蔣介石北伐，將軍響應北伐，被封爲國民革命軍中將軍長，那時許多黃埔名將大多只是尉級軍官。北伐後中原大戰，剿共抗日，一直追隨蔣介石，一路跟到台灣，老將軍對蔣介石有複雜的感情，視蔣先生如君、如父、如神，帶有三分愚忠。老將軍追隨蔣先生出生入死，蔣對老將軍也不次拔擢，再三付予重任。抗日期間，曾官拜集團軍總司令、省主席、戰區副司令長官。勝利後蔣曾邀老將軍到溪口住了三天，跟老將軍遊山玩水、閒話家常。這是蔣先生攏絡重要部屬的手段，被邀者比得了勛章還興奮，這表示聖眷正隆、前途無量。老將軍對蔣先生邀他到溪口小住，認爲是畢生最大的榮耀，常跟晚輩提這件事。

有一天顧祝同生日，老將軍穿戴整齊，到顧祝同家祝壽，顧宅在客廳布置一個壽堂，晚輩舊屬在一塊緞布上簽名即算拜過壽了。只有同輩好友才延入另一房間喝茶、閒談。

老將軍剛走進顧家花園，突然聽到有人喊「立正」，將軍是老行伍，立刻反應到可能是總統到了，本能地閃到路旁，只見總統昂首闊步地走進來。

「總統好！」同時將軍立正，向總統行了一個標準軍禮，總統看了老將軍一眼，面無表情，好像不認識他。

「怎麼回事，總統不會不認識我吧？爲什麼不理我呀！我七十歲生日總統還送我一個壽字嘛！可能我老得太快，總統沒認出我。」

老將軍匆匆到壽堂簽了個字，沒跟壽星打招呼就走到院子裡，恭恭敬敬地站在路旁，沒多久總統出來了，老將軍又高喊一聲「總統好！」同時行了一個標準軍禮，這次總統連看也沒看老將軍一眼，走了。老將軍呆在路旁，如喪家之犬。

「到底怎麼了？生我的氣？不會罷，到台灣後我沒擔任過一天重要職務，不會生我的氣，是聽了別人的閒話？應該也不會，是鳥盡弓藏，我老邁無用了，總統懶得理我？應該也不會，老先生是重情意的人。」想著想著，老將軍臉上掛著兩行淚。

老將軍回家以後鬱鬱寡歡，不久心臟病發作，身體日漸衰弱，後來謝絕一切應酬，連大門都很少出，三年後過世，遺命火葬，骨灰將來帶回老家，不公祭、不發訃聞、不接受政府褒揚令。

與汝偕亡

一九五九年七月，南部某訓練中心發生血案。一位老士官長槍殺輔導長及幹事，並打傷兩名充員兵。輔導長及幹事腦部中彈，當場死亡，兩位充員兵腿部中彈，皆輕傷，凶手係預謀殺人。

凶殺震驚最高當局，除下令徹查，並成立專案小組，研究整個事件的經過，同時軍中政工部門展開長時間研究、辯論，反蔣經國勢力藉此事件擬削弱蔣在軍中的影響力未果，但政工制度大幅修正。

士官長楊志堅跟李維一輔導長是小同鄉，在大陸曾讀同一個小學，歷經各種劫難，最後在台，不但相逢，而且居然在同一個連上當兵，真是巧！

楊士官長小學畢業就當兵了，有一度專門替有錢人冒名頂當兵，賺了不少錢。有一回又替一有錢人家子弟當兵，一個月後逃走了，不巧被連長抓回營去，打了二十棍，腿瘸了半年。傷癒後連長與他談條件：「你是聰明人，就是沒腦子，我知道你傷好了會再逃，所以有兩條路你自己選，一是我送你軍法，你是累犯，不會輕判；二是好好跟著我，做我的傳令兵，接受隨營教育，認字讀書，將來說不定可以升軍官。」

北伐以後，國民政府頒布兵役法，實行徵兵制，中央成立兵役署、各縣市都有兵役處、兵役科，負責徵兵，軍中又有團管區、師管區。但是役政從來沒有上軌道，窮人家有些壯丁，不願當兵的一走了之，有錢人家雇人替自己孩子當兵。

當時專門代人當兵者變成一個行業，收錢代人服役，逃跑以後再找有錢人家再賣一次，這些人俗稱兵油子。部隊常派人去抓，這些人也常被抓回部隊。

「大陸那麼大，兵油子跑遠點，不就抓不回來了嗎？」有一次我問一個老軍官。

「這些人賺了錢，通常不會安份，一定會在不遠的鎮上尋歡作樂，受過軍訓的兵油子自以爲能，其實一眼就看出來了，當過兵的人，衣著行動跟一般人不太一樣，很容易看出來，有時候抓來的兵油子不是本部隊的，我們要把他送回原部隊，他們會哭喊著要留下來，因爲回原部隊，長官恨他，會打得很慘，其實原部隊調到那兒，我們也不一定知道。」

李維一小學畢業進城讀高中，高中沒畢業趕上抗戰，也就從軍了，因爲讀過高中，所以受過軍中短期軍官訓練班，畢業以後就當上少尉軍官，兩位小同鄉分別幾十年後歷經抗日戰爭，慘烈內戰，兩人在台相逢，雖然一個官拜上尉輔導長，一個是士官長，但是私下裡哥倆好，兩人經常一起小酌話家常，甚至一起玩女人。小同鄉、小同學歷經劫難，小島相逢恍如隔世，自然情同手足。

想不到兩人的交情，居然起了變化，原因是同時認識了一個彈子房（**撞球場**）小姐，那個年代的台灣，還是一個單純的農業社會，娛樂不多，看電影、打彈子是花費少的正當娛樂。彈子房非常普遍，城鎮中鬧區的彈子房，常雇用薄具姿色的小姐，幫客人計分數，其實目的是吸引客人上門，客人追求彈子房小姐時有所聞。他們同時認識一位小姐，兩人常結伴打球，順便跟小姐開開玩笑、吃吃豆腐，後來同時對小姐表示好感，結果小姐居然對士官長表示好感。輔導長開始還假裝有風度，後來對士官長冷言冷語，士官長發覺以後，跟輔導長懇談了一次，表示不願意為一個女人，影響到兩個人的交情，何況當時軍人結婚要申請，要上級批准，更何況當時士官長的待遇根本無法成家。士官長說：「兄弟你打衝鋒吧！你條件比我好太多，她嫁給你比嫁給我強，從今以後我再也不打球了。」輔導長很感動，當夜哥倆喝到半夜才回營。

兩個禮拜以後，李輔導長跟楊士官長的交情似乎起了變化，營上弟兄發覺，他倆單獨行動，都常寒著臉，尤其是輔導長，可能因為工作關係，別說板臉，只要沒有笑容，大家都提心吊膽，雖然輔導長向來笑瞇瞇的，從來沒有大聲罵過人，但是大家都怕他，因為輔導長負責考核官兵的思想，思想有問題，有口難辯，重則坐牢、管訓，輕則考績升遷都受影響，而輔導長對官兵的考核是祕密的。在連上名義上的最高領導是連長，但實際上是雙軌制，輔導長負責官兵的思想忠貞與否，包括連長在內。連長通常也不敢管輔導長。這就是當時蔣經國推行的政工制度，引起很大的爭議跟反彈，孫立人因為堅決反對政工制度而與蔣太子交惡，埋下日後被整肅的遠因。雖然軍中長官把輔導長的功能說得天花亂墜，但一般士官總認定政工人員是軍中特工，專門打小報告、專整人的。

兩人交惡，在連上引起大家的議論：

「聽說是為彈子房小姐。」

「應該不是，士官長早就表示退讓，諒他也不敢跟輔導長搶女朋友。」

「有沒有可能士官長嘴巴讓，而雞巴沒讓。」王士官長用四川話說，引來一陣大笑。

「不可能，楊士官長不是那種人。」說完大家都點頭。

一個月後的禮拜六，晚點名後，連上弟兄都上床了，在連部後面聽到李輔導長跟楊士官長的吵架聲，聲音愈來愈大，後來互罵粗話，後來又聽到哭泣聲，連上官兵聽了半天，每個人都擔心出事，但是連長、副連長都不在，連上階級最高的是一位少尉排長，他不敢出面，一直到兩點多，聲音漸息，弟兄才陸續入睡。

第二天晚飯後，大家議論紛紛。

「昨晚我聽到士官長說要檢舉輔導長，輔導長聽了以後，立刻回了一句『我肏你媽』，後面的話我就沒聽清楚了。」

「輔導長說我叮嚀你了，官大壓三級，你看我不順眼，好好說我可以把你調到別的部隊，我也可以把你調去管訓，你不要不識抬舉。」

近來連上的空氣非常凝重、肅靜，聽不到平時的吵鬧喧嘩。弟兄們三五成群交頭接耳，各種傳言不斷。

有一天晚點名以後，連長室傳出了爭吵聲。連長高大英挺，面帶殺氣，走路龍行虎步，說話簡潔、果決，是天生軍人的材料，但聽說是東北偽軍出身，所以升得很慢，至今只混了個少校連長。連長不怒而威，平常很少罵人，很少大聲說話，但是大家都很怕他。今天卻傳來連長陣陣斥責之聲，後來連長室的聲音漸漸變小，沒多久輔導長出來了，約十分鐘後，楊士官長也走出連長室。一切歸於平靜，弟兄紛紛入睡。

從那天開始，連長命令他的傳令兵林下士，每天晚上睡覺前拿一把四五手槍，放在連長枕頭下面，槍要裝滿子彈，並且打開保險，第二天連長起床後，再把手槍放回軍械室。

連長的舉動，引起弟兄們紛紛議論。

「連長行伍出身，久經陣仗，內戰表現英勇，非膽小怕事之輩，為什麼晚上睡覺要在枕頭下放槍呢？」吳少尉問。

「八二三砲戰時，連長也是每天在枕頭下放槍。」跟連長在金門服役的賴下士說。

「金門是前線當然要小心些，但是這是嘉義呀！」大家都這麼懷疑，但誰不知連長在擔心什麼，輔導長是軍官，應該不會亂來，士官長是連長老部下，交情匪淺，而且輔導長跟士官長有糾紛，誰也不會遷怒到連長。連長在怕什麼？大家心裡都有這個疑問。

禮拜天的晚點名照例由副連長主持，連長因為家住附近所以禮拜一才回營，副連長山東人，瘦高的個子，脾氣非常溫和，連上沒人怕他，晚點時有人穿軍服，有人穿便服，因為回營太晚來不及換軍裝，晚點名三人未到，包括楊士官長。副連長說，這三個人在兩小時以內回營，找副連長報到。副連長又說了一套注視軍紀之類的廢話，晚點名在嘻笑中結束。結束前副連長問輔導長有沒有什麼話要說，輔導長搖搖頭。大家發覺輔導長的臉色很難看，好像病了。

槍聲在晚上一點半響起，嘟嘟！嘟嘟嘟！連上官兵瞬間驚醒，有人狂叫逃出營房，有人起床後本能地穿衣，有人大喊臥倒，有人大叫開燈。

突然嗶——嗶——嗶，大家聽到集合哨的聲音，頓時安靜下來。

「不要吵、不要跑、就地立正。」這時槍聲早已停了，燈也亮了。

「報告副連長，我是凶手，是我開的槍，我棄械投降。」

大家看到楊士官長站在輔導長室門口，地上放著一隻卡賓槍，血從輔導長房間的門縫中流出。

「張班長快撥電話到軍部，找軍長，李士官長快到營部，請營長過來，快通知八〇三醫院，派救護車。」孫班長派人把楊士官長綁起來。

副連長一連串地發布命令，最後又大叫「吳幹事」，沒人回應，副連長又高叫了好幾聲，還是沒人回應。

「報告，吳幹事頭部中槍。」

「報告！我大腿中槍。」

「報告！我手臂也中槍。」

吳幹事躺在大通舖自己床位上，頭部中槍，流了一床血，血跡又濃又厚，睡在幹事左右的弟兄都受傷了，但是還好是輕傷。

事後各種版本出爐，原因是值班衛兵打瞌睡，槍擊一開始沒有目擊者。當時只聽到咚一聲，輔導長門被打開，接著便是第一排子彈的聲音，值班衛兵手中有一把步槍但是沒有子彈，士官長打死了輔導長後，走到吳幹事床前，此時吳幹事已經坐起來了，士官長持槍朝頭打了一排子彈，幹事頭部胸部多處中彈，當場身亡。

先是連長匆匆回來，不久軍政戰部主任張少將、軍法處長黑上校，以及大批憲兵趕到。

一位上校軍官命令連長打開軍械室，把所有武器都收走，連上所有人逐個被憲兵搜身。完畢後整連官兵到操場席地而坐，來了一位上校軍官訓話，大意是：

「本軍發生這種不幸，上級一定會調查清楚，秉公處理，軍人生活單調、辛苦，偶發事件不能避免，希望大家不要驚恐，一切照常，最重要的是，此事件非但關係本軍榮譽，同時也影響到社會觀感，更擔心被共匪利用本案宣傳，所以嚴令弟兄對外，包括家人，不得洩露此事，在營中也不得議論此事，否則以洩密罪軍法處理。」

不久營輔導長也來了，召集全營訓話，內容大同小異。

「李輔導長平時愛護弟兄，過去服務成績優異，遭此不幸，我要報他因公殉職，從優撫恤。」話剛說過，隊中聽有人說「屁」，聲音很小，但因為操場很靜，大家都聽得一清二楚，營輔長想必聽到了，停止說話，一遍又一遍地目視全連，像在搜索什麼，氣氛非常緊張。

大家都以為，營輔長會叫說「屁」者自動出列，沒想到他沉默了一陣以後，繼續說話，一直沒有提這事兒，可是他明明聽到了呀！營輔導長的態度令大家納悶。但是大家都認為這位膽大的弟兄說得對，輔導長度量狹窄，說話刻薄，為人陰險，雖然表面嘻嘻哈哈，但是手握特權，過去又有擅用職權整人冤枉的記錄，故大家對輔導長也嘻嘻哈哈，但內心深處卻畏之如虎，尊而不親。但是，也有人替輔導長說話。

「輔導長其實人不錯，思想考核是他的工作，這是制度問題，我們實施政工制度原因有二：其一，蔣經國曾留學蘇俄，政工制度是從俄國學來的。其二，大陸淪陷就是因為共產黨的情報工作太厲害了，國共鬥爭、國民黨軍政大員身邊都是間諜，但是我們的情報員打不進共黨核心。」

「但是輔導長不能算是因公殉職。」有人接腔。

「那倒也是，輔導長罪不至死，但也不是因公殉職。」

楊士官長槍殺李輔導長及幹事的事，連上似乎很快平息了。但在軍中高層卻引起很大的震撼，因爲這不是單一事件，軍中曾連續發生暴力犯上血案，皆因消息封鎖得嚴密，所以外界知道的人不多。國防部爲此組織了一個「軍中暴力事件調查委員會」，調查的結果，發覺暴力事件幾乎全係外省老兵所爲，被殺對象多係政工幹部。

這種現象引起軍中反政工制度的反撲，取消政工制度之聲又起，但還是失敗告終，因爲推動政工制度的首腦是蔣經國。蔣經國以太子之尊，加上大陸淪陷，共諜打入國軍高層的教訓，反對之聲很快平息，政工制度雷厲風行地推動，政工幹校擴大招生，增加了許多如音樂、美術等，與政工無關的科系，政工幹校後來由蔣經國的贛南大將王昇出任，畢業生深入黨政軍特，以王昇爲領袖，王成立「劉少康辦公室」坐鎮指揮，擴大自己的影響力，儼然有接班架式，後來因爲功高震主，勢力太大，被人在蔣經國面前參了一本，發配巴拉圭當大使，「劉少康」辦公室解散，終蔣經國在世之日不准回國，蔣經國去世亦不准回國弔喪。

「軍中暴力事件調查委員會」，除了聘請軍中學有專長者做委員外，又禮聘不少外校教授參與其事。調查報告重要結論有三：

一、政工制度令士官心理上產生抗拒，總以爲政工幹部是在做軍中情報工作，只會打小報告，暗中稱政工幹部「痲子」，稱政戰學校曰「痲子學校」。

二、老兵遠離故鄉，故鄉多有親人，思鄉、思親之情無以舒解，軍人收入太低，又無力娶妻成家。

三、政工幹部確有以特權階級自居，而欺壓士官兵，甚至有藉故敲詐現象。

根據調查報告，軍中政工制度做了很大調整。政戰工作重點，在注意官兵身心健康、娛樂活動、幫忙士官兵解決情緒問題等等，同時成立許多軍中康樂隊。早期台灣許多歌星，都出自軍中康樂隊。

沒多久，連上派來一位新輔導長，這位輔導長年輕，才三十出頭，姓梁，官拜上尉，政工幹校畢業，臉上永遠笑瞇瞇，口才很好，書也讀得不錯，沒事常跟連上弟兄一起喝酒吹牛，看來沒有心機。梁輔導長熟讀歷史，常給連上弟兄講歷史故事，弟兄也常從梁輔導長口中聽到許多不同的說法，如；「關公肚量很小，破壞了諸葛亮聯吳制曹的策略，導致劉備死亡，不配當武聖。」、「諸葛亮出道時才二十幾歲，周瑜已經三十多了，劇中周瑜是小生，諸葛亮是老生是錯的。」

梁輔導長學識豐富，笑口常開，又能喝兩杯，所以很快得到連上弟兄的敬愛。

跟著新輔導長一塊來的幹事姓閻，是預官少尉，山西人，閻錫山的堂侄，文大歷史系畢業，閻幹事好學深思，性格開朗，善飲，愛講民國掌故，開口曹錕、吳佩孚、馮玉祥。大夥聽得瞠目結舌，因爲他家庭背景特殊，無人知其所說是真是假。新輔導長跟閻幹事志趣相投，一見如故，假日常常同進同出，情同焦孟。

一個禮拜六的晚上，輪到梁輔導長值勤，閻幹事也留在營中陪他，晚點以後，梁輔導長跟閻少尉在營福利社吃銷夜，一盤豬頭肉、一盤蕃茄炒蛋、一碗蛋花湯，天南地北地扯開了，喝了兩小瓶金門高粱，意猶未盡，又開了一瓶小高粱，話題突然聊到連上的凶殺案，梁輔導長臉色頓時嚴肅起來，並且長嘆一聲沉默不語，閻少尉問道：「我知道不該多問，但是太好奇了，這個案子到底是怎麼回事？」

梁輔導長深鎖雙眉，欲言又止，最後以一種很果決的口氣說：「好吧，你是黨國大老之後，不會被共匪利用，我相信你也不會出賣我，我就告訴你吧，千萬不能跟任何人講，包括你的家人，這件事我不說出來會憋死。」梁輔導長說完這句話，臉色開朗了許多。

「楊士官長跟李輔導長是小同鄉，他們都有一段不願爲人知道的過去，士官長當年靠替有錢人冒名當兵來賺錢，拿到錢到軍中報到後又逃走。輔導長年輕時，曾參加左派「馬克思讀書會」之類的共黨外圍組織，兩人都很清楚對方的底細，所以交情非比尋常，但是爲了彈子房小姐，輔導長疑心士官長破壞他的好事，士官長忍了一段時間，終於爆發，激烈爭吵之間互揭瘡疤，士官長心直口快，一時氣憤說完就算了，可是輔導長卻懷恨在心，做了一件鬼迷心竅的事，他塡了一份假的『官兵言行調查表』，把士官長思想欄，塡了『對主義信仰不堅定，對國家欠忠貞』幾個字，而且故意把這張調查表放在桌上，讓很多人看到過，於是有人告訴士官長這件事。士官長心情鬱悶了很長一段時間，最後造成了兩死兩傷的大悲劇。而最無辜是吳幹事，他只是預官，根本沒有介入他們的糾紛，結果也賠上了性命。」

「這！這！這！從何說起，聽說後來士官長被判死刑，已經槍決了。」

「對，軍法審判速度很快，半年後就被槍斃了。」

「那怎麼知道輔導長這份『官兵言行調查表』是假的呢？」閻少尉滿臉迷惑地問。

「後來軍法官在輔導長房間搜出兩份『官兵言行調查表』，楊士官長思想欄寫的是『勤奮樂觀，思想純正。』」

「是只有士官長的『官兵言行調查表』，有真假兩份嗎？」

「不是，很多人都有兩份，假的那一份是李輔導長自己偷印的。」

「輔導長爲什麼要這樣做？」

「只是爲了唬人，很多人被唬之後請客、送禮，輔導長的目的只是爲了利用職權，占人一點小便宜，或者恐嚇不聽話的弟兄，結果惹來殺身之禍。這些情況，都是事後軍法官調查出來的。」

「這樣看來，輔導長也算是罪有應得。」

「可是你知道嗎？軍部呈到上級的死因是因公殉職。」

「呀！爲什麼？」

「還不是官官相護，如果不報因公殉職，挖出有多大，便有多少長官受牽連呀！」

「我的媽呀！這是什麼世界？這種軍隊將來怎麼反攻大陸？」

不知不覺，兩人又幹掉一瓶小高粱，東倒西歪地回連部，輔導長對閻幹事說：「告訴連上弟兄，老子喝醉了，今天不晚點名了，想造反就造反，想革命就革命，老子早就不想幹了，他媽……」

「輔導長，今天已經晚點過了，你喝多了。」

輔導長嘴裡不停地說著胡話，回房倒頭便睡著了，留下閻少尉坐在床沿兒上發呆。

後記：本文係幾個真實故事改編，後來政工制度有大幅度改變，政工人員工作以瞭解士官兵心理、康樂活動、提高士氣等為主，這些改變是受台灣早年軍中暴力事件影響。

邢伯伯

邢伯伯是一個謙謙君子，身材高大健壯，說話溫文儒雅，整天笑瞇瞇地，記得小時候常聽爸爸誇邢伯伯的品德跟涵養，是爸爸很敬重的朋友。

邢伯伯在四四兵工廠任上校處長，當年在三張犁那個封閉的小世界裡，邢伯伯算是大官，偶爾看到邢伯伯穿軍服，非常英挺，望之儼然，不怒而威。邢伯母是個大美人，中等身材，略瘦，無論臉型、五官都找不出任何缺點，雖然老了，可是所到之處，依然吸引眾人的目光。邢伯伯、邢伯母都是河南人，邢伯母說話一向輕聲細語，如果不開口，大家都以爲她是江南美女，邢伯母說話帶點河南腔，但是沒有河南腔的土氣。

邢家老倆口最令人羨慕的，是夫妻感情極好，邢伯伯對邢伯母十分疼愛，邢伯母照顧邢伯伯也無微不至。邢家有一個兒子，在外念書、工作，很少回家，老倆口只要出門，一定手牽手走在一塊，真正做到「執子之手與子偕老」，是神仙眷屬。

邢家住在一間日式獨棟房子，院子很大，邢伯母在院子蓋了一些雞舍，養雞以貼補家用。邢家發生過一件趣事，有一天半夜裡，院子裡的雞不停地叫，鄰居的狗也不停地狂吠。「一定是有小偷來了。」老倆口猶疑了一下，最後決定到院子裡查看一番，臥室的燈一開，只見小偷翻牆而逃。邢伯伯把院子的燈打開，檢查雞籠時，發覺旁邊放了一麻袋雞。原來小偷帶了一麻袋雞來偷雞，主人驚醒開燈以後，落荒而逃，把偷了別人家的雞也丟在邢伯伯家了，這件事當時被大家引為笑談。

我大學畢業到軍中服預官役，爸爸在我退役前三個月中風了，我趕回台北，到醫院看爸爸，爸爸躺在病床上，滿臉鬍鬚、目光呆滯，看到我沒說一句話，凝視了我一會兒，淚水奪眶而出，這是生平第二次看到爸爸流淚，給我極大的震撼。**（第一次是在院子裡看到爸爸面對夕陽哼唱蘇武牧羊掛著眼淚）**爸爸老了，剎那之間我下了一個決定，從此要做一個孝順的兒子。爸爸是生命力極強的人，身體一直健朗，熱愛生命，對國家、社會一直有很強烈的使命感。「中風」這個病，可能重挫了爸爸對自己健康的信心，也意味著自己即將退出舞台，那應該是一種英雄末路的悲涼。這時我突然想到，爸爸給翟伯伯壽序中的一句「當年雄圖盡付東流」。

我替爸爸擦乾了眼淚，深呼吸一口氣，緩緩地說：「爸！不要著急，我問醫生，醫生告訴我，你的情況不嚴重，出院後只要生活規律，勤運動，將來一定可以康復，而且這種成功的病例很多。」爸爸微笑著點點頭，還是不發一語。

爸爸出院後，媽媽陪爸早晚散步，爸爸平常手上拿兩顆大鋼珠，整天把玩。一年後爸爸恢復了百分之九十以上，又回學校教書，但是我知道爸爸來日無多，所以常常主動找爸爸聊天，一方面盡孝道，一方面也因為對爸爸的過去十分好奇。

「爸你跟邢伯伯是在大陸認識的嗎？」有一天我突然想到。

「對！跟邢伯伯是老朋友了，邢伯伯在河南曾經做過八個縣的縣長，抗戰期間也在淪陷區任縣長，文官兼武職，對日本、對共黨、對土匪三面作戰很辛苦。」怪不得邢伯伯笑容背後，總給人不怒而威的感覺。

「邢伯伯跟邢媽媽感情那麼好，兩人年齡似乎差很多，邢媽媽應該不是原配罷？」爸爸聽了我的話，哈哈大笑。

「不但不是原配，而且邢媽媽是被邢伯伯搶來的。」

原來邢伯伯在河南當縣長，當年的縣長多兼保安司令，軍政大權集於一身，邢伯伯在縣長任內從不帶家眷，因爲原配是個不識字的鄉下老太太，見不得場面。有一天邢伯伯看上了比他小很多的邢媽媽，邢媽媽在師範念書，是大地主的千金，邢伯伯找人提親，被斷然拒絕了，邢伯伯又輾轉找到共同的朋友，一再提親一再被拒，邢伯伯無奈之下，派兵把邢媽媽搶走了，邢伯伯把邢媽媽安頓在它縣朋友家，後來生米煮成熟飯，邢媽媽也認命了，兩口子歷經抗日、國共內戰，一路到台灣來。

我聽了爸爸的話大吃一驚，想不到溫文儒雅的邢伯伯，居然會做出梁山好漢的行徑，縣長公開搶奪良家婦女，真可謂無法無天，邢媽媽被搶，不可能立即就範，怎會認命，怎麼會對邢伯伯那麼好，其中必然經歷了許多心理的矛盾與轉折，最後竟然在台灣跟邢伯伯白頭偕老。

每當想到邢伯伯、邢伯母的恩愛，就會想到我一位老同學，跟女朋友相戀八年，結婚後一年多就離婚了，婚姻是人生最大的賭博，禍福難料。

婚姻、愛情似乎很像兩年前流行的網路名句：「問世間情是何物？一物剋一物！」

河南奇才馬乘風

今天提到馬乘風，海峽兩岸知道的人不多，但是當年他是學術界的一顆彗星，曾經光耀儒林。民國二十三年，他任職鐵道部時，撰寫《中國經濟史》上下兩冊，凡六十萬言，時年二十八歲。書成轟動學界，學者馮友蘭、嵇文甫爲其作序。

可惜如此大才，後來醉心政治，來台後，以現任立法委員的身分，因替共諜作保，入獄長達二十一年之久。

我很小的時候，就常聽父親跟朋友們提到馬乘風三個字，但是奇怪的是，每次提到，他們都會壓低音量，永遠聽不到他們在講些什麼。所以從小，馬乘風在我心目中就是個神秘人物，我對他的生平也充滿了好奇。

一直到我從商場退休後，才從許多鄉長、《中原文獻》、《洛陽文獻》，以及國史館，找到了不少資料，可以拼湊出他輝煌而又悲慘的一生。

公七歲開始認字，十歲進入私塾攻讀。老師乃公之堂叔，年青聰明，善講解，性情剛愎而嚴酷，對於學生管教綦嚴，如學生有不會背誦其所教之書者，則輒予以體罰。當年老師所授之課，計有《書經》、《左傳》、《幼學故事瓊林》、《古文啫鳳》等。由於老師的嚴格教育，公在十五歲以前，對於我國文化、歷史、典章制度均已奠定堅固之基礎。

先生小學畢業已經十七歲，按理應繼續升學，惟以當年（民國十年）豫西大旱，災情嚴重，而未能如願。翌年，始往洛陽考學，但以學校規定要作白話文，而不能用其所長之文言作文，以致名落孫山之後。

民國十一年，開封設有國民師範學校專門培訓國民小學師資，每縣可選送五名，每人每月津貼三元。當年公十八歲，曾經參加縣內考試，以第一名獲保送該校就讀。未及一年，考入開封第一師範。此校學術研究空氣相當濃厚，教師大多是北京師範大學畢業，不僅品學兼優，且富有革命意識，篤信三民主義。該校有史地教員名鄭其玉及熊夢飛者，乃三民主義之忠實信徒。此二人者，就是公加入中國國民黨之介紹人。此乃民國十四年秋之事也。

先生於民國卅八年五月來台，旋即於四十一年二月二日夜十時被政府以保匪諜趙守志（曾任中國國民黨河南省黨部委員，抵台後以匪諜罪槍斃）入台且知情不報罪名入獄，廿一年後，始於民國六十二年十月卅日被釋出獄。

王雲五先生係馬公之老友，當馬公出獄之後，特予介紹至私立中國文化學院擔任教授，並已獲該院創辦人張其昀先生所發之聘書。然不意數日之後，該聘書即被撤回，其故安在，不得而知。此民國六十二年一月間之事也。

先生出獄回家後，因無工作機會，沒有收入，一直依賴其妻郭扶鸞女士之工作收入，維持生活。

未久，郭女士自台灣銀行退休，雖拿些退休金可以存入銀行生息，但以退休金爲數既不多，而其利率又僅年息九厘。以此利息收入來維持家中生活，相當困難，迫不得已，只有將其妻所有唯一棲身之台北市外雙溪一房屋出售，而遠赴美國投靠其子生活。惟以其子工作忙碌、辛勞，賺錢不易，且又無人與之下棋爲娛，而感覺生活缺乏情趣，相當無聊。因而僅住一月之餘，即行返台。公在美國曾云：「身居美國，實不如在台坐牢。」公返台後，因當時房價已經大漲、而無力購買，迫不得已，遂進入台北市內湖翠柏新村老人院（谷正綱創辦）居住。居住該院除須先繳押金五十萬外，每月還須繳管理費及伙食費數千元。該處山高雨多，相當潮濕，而在夏季尚稱涼爽宜人。院中伙食大多不合其口味，尚需其妻炊爨，以供其食。馬先生在台一直貧病纏身，民國八十一年（一九九二年）辭世，享年八十七歲。

馬乘風先生是一個奇才，二十八歲撰中國經濟史而成名，如果馬先生專心學術，當會有大成就。但馬先生基於愛國熱誠，誤闖知識分子的「禁區」。

書生從政，馬先生又不脫書生本色，個性耿直，嫉惡如仇。不會逢迎上意，不會結黨營私。雖功在國家，但不爲當道所喜。

當年馬先生入獄，據說有兩個罪名，一爲替共諜作保，一爲勸說劉汝明起義。爲共諜作保確有其事，勸劉汝明起義恐係栽贓。又據說主辦此案者爲蔣經國，本來判了死刑，蔣中正軫念馬先生對國家貢獻，把案子壓下來，沒有執行。

先生出獄後如果王雲五先生介紹其到文化學院當教授，一個教授的收入可保衣食無慮，可以安心做學術研究，其學術成就無可限量也！但任教職事被高層所阻，以致後半生困頓以終。當局此舉無疑斬斷一個天才的學術生命，其罪惡實更甚於判其坐二十年黑牢也。

註：據國史館檔案，劉汝明與馬乘風是多年好友。劉汝明存放鉅款在西門町某銀樓玆息。後銀樓倒閉，馬乘風被債權人委託為「債務處理委員會主任委員」。劉汝明請馬乘風私下幫忙多分配一些，結果被拒。劉汝明懷恨在心，挾怨報復。立法委員曾在一次秘密會議中向保密局代表（司長）。保密局強調此事與馬乘風匪諜案無關。

賈祿雲伯伯

賈伯伯在爸爸的朋友中，是最不出色的一個，在我印象中，是又瘦又小、滿面病容的老頭子。在爸跟朋友談話的時候，很少發言，老是做聽者，有人問他話他也只是很簡短地回應一句半句。爸的朋友之中，翟伯伯的嗓門兒最大，話也最多，翟伯伯常跟爸抬槓，有時抬得兩人都面紅耳赤，我在一旁嚇得半死，以爲他們要絕交了，沒想到過兩天又在一起抬槓。翟伯伯衣著講究、風度翩翩，看就像個人物，翟伯伯有一個女兒翟瑞靂，後來成了名電視製作人，漂亮、能幹，曾經是台灣的風雲人物。

比起來，賈伯伯就顯得卑微多了。賈伯伯在我念小學時候就因病過世了，在我記憶中慢慢地淡了。

一直到爸爸過世的前幾年，我才瞭解賈伯伯也曾經是個人物，但是個悲劇性的人物。

民國八年（一九一九年）爸爸跟翟韶武伯伯、張賓生伯伯、賈祿雲伯伯等，在北京參加五四運動，爸讀北京法政專門學校，翟伯伯、張伯伯、賈伯伯等讀北大，當時都是二十多歲的大學生、愛國青年，除了讀書，參加街頭運動，幾個人也常徹夜長談，縱論天下大事，思考救亡圖存之道，並擬大學畢業以後再出國深造，然後回國貢獻一己之所學。

未料爸的一位河南籍好友，一天忽接一電報，謂父親病危速歸，這位同學回鄉之後音訊全無，後來消息傳來，同學已被河南悍匪王林綁架並已撕票，爸爸跟幾位同學回河南，說動縣長動員地方團隊，剿滅該股土匪，並生擒匪首王林。爸爸因而被縣長留在河南，訓練地方團隊，維持治安，此一事件決定父親一生命運，從此留在河南練民團、做地方官，賈伯伯從此也失去聯絡。

抗戰期間，爸爸在河南任豫北行政督察專員，轄溫、孟等八縣，同時兼游擊縱隊司令，與日軍、共軍兩面作戰，後來我在檔案資料中發現，爸爸管區居然有兩個大人物，一個是紀登奎，一個是趙紫陽。父親在世時從來沒提過他們，我想父親到死都不知道，在他防區的「敵人」竟有兩位大人物。

當時豫北、隴海路一帶的中共領導人，就是賈伯伯，原來北京別後，賈伯伯信仰了共產主義，參加共產黨，後來又到莫斯科中山大學留學，因爲書讀得很好，又能幹，所以很快就成爲共黨重要幹部。賈伯伯父親早逝，家境又不好，從小與母親相依爲命，對母親非常孝順。

賈伯伯成了高幹以後，就常被打小報告，說搞革命老是帶著媽媽，犯了小資產階級溫情主義。賈伯伯也多次被上級斥責，政敵也以此理由不斷打擊他。賈伯伯被迫與母親分居，但是母子情深，常溜回家看媽媽。當年共產黨在「革命時代」，賈伯伯後來一再因此而被批判。

父親知道賈伯伯在豫北活動以後，曾託人警告：「最好離開我的防區，因爲只要你活動，我就會抓你，而且會公事公辦。」賈伯伯不理會爸爸的警告，繼續在豫北活動。

有一天深夜，衛兵通報，有一個自稱父親好友姓賈，有要事求見，父親直覺地想到是賈伯伯，相見之下果然是。父親支開所有人，屋裡只剩兩人。

昔日之好友，今日之死敵，雙方凝視著，都覺得對方又熟悉又陌生。

「說吧！你來做什麼？」」父親板著臉問。

「我……我……我……！」賈伯伯突然抱著父親失聲痛哭。

「坐下來，先喝杯茶，慢慢說，慢慢說。」

「我要投誠，我要脫離共產黨。」賈伯伯心情平靜了以後，緩緩地說。

賈伯伯古書讀得很多，原來就是個傳統的中國讀書人，但在當時國家瀕臨亡國的情況下，每個愛國青年都在思索救亡之道，而很多青年選擇了共產主義，一方面嚮往烏托邦天堂，一方面認為共產主義是條使中國快速強大的捷徑。

賈伯伯在做了多年的共產黨員以後，發覺共產主義理論本身有問題，價值體系與中國許多倫理傳統絕不相容，如反對「溫情主義」，批判他因為母親而影響革命，更無法習慣黨內無休止的內鬥，於是決心脫離共產黨。

賈伯伯「投誠」以後，供出了一些共黨潛伏在河南省政府、軍中的地下組織，因而許多共黨地下工作者被捕。賈伯伯被共黨列為追殺對象，他是老革命，很機警，躲過多次追殺。

後來在一次國共談判中，「不再追殺賈祿雲」做為雙方協議條件之一，共產黨才停止了對賈伯伯的追殺。勝利後，賈伯伯一直跟著父親做秘書。

這是當年國共鬥爭的小故事，在那個大時代裡，知識青年勇赴國難，但是因為信仰不同，而發生太多父子兄弟反目成仇的故事。

老一代的愛國者，無論國民黨、共產黨，都有仁人志士，都值得尊敬，他們都曾經為信仰勇往直前，生死以之。我常想，如果爸爸、賈伯伯有靈，看到如今中國已經強大，兩岸已經和平，中國終有一天會統一，他們一定相擁大笑。

漫漫長路——有感於宋緒康先生的收藏

從晚清到民國，是一段不堪回首的回憶，戰敗、割地、賠款，天朝大國瞬間變成列強蹂躪的肥肉。知識分子開始思索中國衰落的原因，以及因應的辦法，於是在當時一批開明大臣的領導下，發動了洋務運動，廢科舉、辦學校、建立新式海軍、成立造船廠、建立現代化陸軍、各地成立軍校、設國立編譯館、派大臣出國考察、派小學生出國留學等。

洋務運動以歷史眼光看來，可謂兼具了質與量，規模不可謂不宏大，思慮不可謂不周密。但是甲午之戰，北洋艦隊與日本海軍一戰，竟全軍覆沒。到底怎麼回事呢？「中學爲體，西學爲用，用錯了嗎？」「師夷長技以制夷，難道錯了嗎？」「西方物質文明發達，中國綿延了幾千年的精神文明，是否還有價值？」

中國知識分子在驚愕之餘，漸漸意識到富國強兵之道，不僅是船堅砲利，船堅砲利背後的原因是什麼？中國積弱的原因是什麼？根據失敗經驗，根據知識分子對西方的認識，中國展開了以五四新文化運動爲代表的啓蒙運動，主題是知識分子發覺，救亡圖存之道不在船堅砲利，而是中國文明出了問題，中國落後不限於物質文明，胡適之甚至認爲，文明不該分精神文明、物質文明，一個科技發達的社會，不可能只有物質文明，於是要用「西化」促使國家富強，而日本從「蘭學」（**全國瘋狂學習荷蘭的科技、歷史、文化**）到全面西化，對中國人而言，不但是一個刺激，也是一個成功的案例。

西化被知識分子普遍接受以後，又產生了資本主義、社會主義之爭，親俄、親美之爭，抗戰和內戰，使國府在大陸的政權陷入絕境，也中止了國府的建國方略，淪落在一個蕞爾小島歷經數十年的勵精圖治，創造了台灣的經濟奇蹟，跨出了中國人有史以來民主、法治的第一步。

中共建政，歷經各種內鬥、文革，鄧小平改革開放以後，短短數十年中國已經和平崛起。回顧近百年歷史，富強之路何其漫漫，如今世界已成一家，「西化」一詞也早不適用。今天的文明，已經朝向世界發展，文化之間的差異越來越小，西方文明早已悄悄融入了中國元素。我們追求的是現代化，而每一段人類歷史，都有不同面貌的現代化，拒絕現代化，就是任何一個文明衰落的主要原因。

如今海峽兩岸，都向現代化之路飛躍前進。路是一步一步走出來的，何況中國現代化之路如此崎嶇，每一代的知識分子，在現代化的道路上都付出過心力、血汗，回顧一幕一幕血肉橫飛、哀鴻遍野的場景，我們應該對所有現代化過程盡過心力的前輩致敬。

宋緒康先生是這一代青年的異類，遠絕聲色之娛，醉心收藏近代人遺留的文墨、字畫、書札等等，曾左李胡之外、還包括郭崧燾、鄭觀應等現代化重要人物的文墨。每當我親眼看到這些珍貴文物時，睹物思人，感動莫名。

宋先生年輕但對中國文化、中國未來前途充滿關懷，我有幸多次欣賞宋先生的收藏，更在多次深談之後，感觸良多，欣聞宋先生的收藏能在香港展出，特提筆抒發感懷，並向宋先生致敬。

何為風骨？

有一次，在一個學術討論會上，聽一位教授談他的學術論文，題目是二二八一位民間領袖的生平，結論是他敬佩這位領袖的人格及風骨，感嘆台灣目前世風日下，再也看不到這類有風骨的人了。這位教授的感嘆是對的，但是對他敬佩的對象卻不夠瞭解，這位二二八領袖先誤判情勢，認爲陳儀是膽小怕事，中國軍人不堪一擊，在廣播中號召民眾武裝對抗，看到陳儀翻臉又即刻退縮，實在談不上什麼風骨。談到風骨，使我想起了一段往事：

在我讀高中的時候，那時是一九六〇年代初，蔣老總統身體尚健，蔣經國還沒有掌權，台灣在戒嚴時代，朝野整天歌功頌德，幾無學術自由。那時我姊夫在中央日報任記者，當時是台灣第一大報，在該報做記者是很威風的工作，當時我姊夫正在追姊姊。

有一個禮拜天早上，姊夫到家裡來，手上拿了一份中央日報，跟爸爸講：「今天報紙有一篇錢穆寫給蔣公祝壽的文章，約三千多字，一個字一塊錢，這件事是我接洽的。」一邊說一邊把報紙遞給爸爸，狀甚得意。爸接過報紙看了標題一眼，把報紙往桌上一甩，很不屑地說：「錢穆真不值錢！」說完轉身離去，姊夫一臉尷尬，我則一陣茫然。

當時我的認知，蔣公英明偉大、豐功偉業，錢穆是國學大師，爸是老國民黨員，一生獻身革命，對錢穆更是敬佩，錢穆的《諸子繫年》是爸案頭必備的參考書，錢穆替蔣公寫壽序有什麼不對？爸怎麼了？

因爲是件小事，後來我始終沒有問過爸，當時他爲什麼會有那樣的反應。但是答案在十年、二十年後，尤其在我接觸中國近代史以後，才完全瞭解那一代人的心態，在政治上他們的選擇是大方向，雖然不少人如胡適，選國民黨有些無奈，但是面對一個更可怕的共產黨，他們只有國民黨可選，但是相對地，他們對國民黨，對國民黨的領袖從來沒有毫無條件的支持。甚至我們從解密的檔案資料裡看出來，在蔣身邊的權貴，甚至黃埔系統的天子門生，也不乏骨鯁之士，對蔣不是每個人都唯命是從。

河南大老李敬齋先生，時任國策顧問，在民國四十一年蔣生日時，即聯合一批立委、監委、國大代表，聯名上書，其中有一句「國破家亡何心爲此」，據說蔣從此不喜歡河南人，河南人在台灣，終蔣一生再無出頭者，雖然如此，父親那一輩的河南人，對李敬齋都非常尊敬。

雷震是蔣的親信，辦《自由中國》雜誌，聯合一流學者，及國民黨內之改革派及黨外菁英，與民黨纏鬥十年之久，民國四十九年《自由中國》被封，當時雷震是冒著殺頭的危險，在驚濤駭浪之中與蔣對抗，事雖不成，但替台灣播下自由、民主、法治的種子。

老一輩的國民黨員及國民黨的支持者，除了少數馬屁精、應聲蟲外，他們自有分寸，有他們的妥協與不妥協，對「人」或許尺度較寬（如祝壽），對事則未必一味順從，否則何來往後的台灣奇蹟？

父親是老國民黨，是忠黨愛國的典範，同時也非常敬重錢穆的學問，所以把《諸子繫年》做爲重要參考書。

但是父親認爲，以錢穆國學大師的身分，寫祝壽文字是很失格的事，所以有甩報紙的動作。這雖是件小事，卻明白告訴我，那個世代知識分子「風骨」的定義。

也有喜劇

在中國現代化的過程當中，共產主義是一個失敗的嘗試，犧牲了千萬條人命，浪費了幾十年的時間，兜了一個大圈子，最後又回歸私有財產、市場經濟，如何解讀這段歷史恐怕還要一段時日，但是黃仁宇先生的說法「共產主義建立了下層架構，國民黨建立了上層架構」這句話，我認爲只說對了一半。

國民黨確實建立了上層架構，一九二七年建立之南京政府，整個政府的組織、職掌分工、法令之頒布、貨幣稅收之統一，全部模仿西方現代政府，而且運作十年，已累積相當之經驗，經濟、外交、內政也取得可觀的成績，史稱「黃金十年」。

但是日本侵略者打亂了現代化的步伐，共產黨取而代之，共產主義意識型態主導之下建立的政府，非但高層架構沒有合理性、可行性，無法應付現代化社會，即使底層架構，也無力處理一個現代化社會的一般事物，包括戶籍、稅收、醫療、清潔、交通等等，但是在極權高壓、恐怖統治之下，社會單純而停滯，生產落後，百姓難以溫飽，糧食以外，生活需求單純的情況之下，所謂底層其實並無架構，一切由黨主導，靠特工維持秩序的基層無法應付複雜的現代化社會。

對此一問題，我多次想撰文，或寫信就教黃仁宇先生，但是遲遲沒有動筆，黃仁宇先生過世了，失掉一個跟我敬重的大師級史學家討論問題的機會，至今引以爲憾。

一九四九年的大遷徙，對許多老一輩的外省人而言，是一段痛苦的集體記憶，太多的戰亂、殺戮、流亡，一幕幕盡是悲劇，盡是傷痛。一直到七〇年代，台灣經濟起飛，政局穩定，國民所得增加，大家才又恢復歡笑、自信。

然而四九年的故事不盡然都是悲劇，下面是另一個非常另類的外省人故事：

記得一九五一年初，一個土裡土氣的糟老頭到我們家做客，爸爸跟他很熱絡地聊天，晚上留他吃飯，晚餐加了蕃茄炒蛋、蒜苗炒肉絲兩道菜，在當時是很豪華的招待。沒多久他就常來我家，有時一禮拜來七天，每天都在我家吃晚飯，姐姐很討厭他，因爲他咳嗽，有時一咳十分鐘不停，咳到面紅耳赤，驚天動地。爸爸告訴我們他姓邢，我們叫他邢伯伯。

邢伯伯做我家的常客，其實是食客，長達十餘年之久，一直到我大學畢業，還與我們有來往，其間無數次，邢伯伯單獨跟我講他的故事，爲什麼單獨呢？因爲他的故事只有我有興趣，姐姐妹妹都不想聽。

邢伯伯生於民前十幾年，比爸略小，幼讀私塾，後來讀新式高中，未畢業就考取河南農業專門學校，畢業後分發到河南農業局做主管，當時中國以農立國，農業現代化亟需專業人才，農校畢業生各地爭相聘用，所以邢伯伯一畢業就當了主管，幾年以後升任局長，時年不到三十歲，薪水、交際費、各種加給共可領取兩百多塊大洋。

父親那時在軍中做營長，每月五塊大洋就可以吃喝玩樂。邢伯伯二十多歲做了局長，每天交際應酬、吃喝嫖賭，不到兩年弄得渾身是病，還虧空公款。邢伯伯午夜夢迴暗自反省「我年紀輕輕就如此墮落那還了得，如果不洗心革面，這一生不就完了？」最後邢伯伯決定棄職，逃到北京，剛好袁世凱長子袁克定因爲袁的老幹部段祺瑞、馮國璋等很難駕御，乃成立教導團，招收知識青年，加以訓練，培養成爲子弟兵，以取代老幹部。

邢伯伯考取教導團，當然用的是假名，搖身一變成軍人，受訓完畢分到北洋政府做下級軍官，在軍中祕密參加了國民黨，當年在北洋軍中國民黨是祕密組織，黨務活動也是非法的，邢伯伯不但參加國民黨，而且後來被戴笠吸收成爲國民黨的情報員。

北伐成功，邢伯伯又搖身一變，成爲國民革命軍軍官，好不威風，到了抗戰前夕，邢伯伯在情報單位擔任行政工作，績功升任上校，在情報單位上校是大官，抗戰期間在敵後工作，抗戰末期奉命以商人身分攜帶大批僞幣到平津一帶負責「擾亂金融」，職務真是千古奇遇，終日周旋在富商巨賈、漢奸政要之間，醇酒美人、揮金如土之際也就完成了上級交辦任務，世間竟有此美差，能不羨煞人也！

但是好景不長，抗戰勝利，戴笠飛機失事身亡，邢伯伯以漢奸罪名被捕入獄，後來雖然平反，但是組織對他身分存疑，不接受他的歸隊請求，邢伯伯又得了嚴重的氣喘病，衣衫不整、三餐不繼，後來爸爸推薦他以工友身分到四四兵工廠做倉庫管理員，每月有固定薪水得以溫飽。

邢伯伯經常出入我家的時候，就是他任工友的時候，實際上邢伯伯的扮相、生活內容也是名副其實的工友，在陰暗的倉庫一個角落，用三夾板隔了一個小房間，除了床被，別無長物，邢伯伯卑微地活著，時間長達十幾年。我讀大二那一年，有一天放學回家，在客廳看到一位西裝革履的紳士，跟父親高談闊論，我仔細一看，那不是邢伯伯嗎？西裝領帶之外又戴了金邊眼鏡，好傢伙，邢伯伯變得跟「人物」似的，我跟他打招呼，他看了我一眼，頭也不點，好像沒看到。

到了吃飯時間，爸媽再三留邢伯伯吃飯，邢伯伯聲稱有事昂然而去。邢伯伯走後，我問爸爸怎麼回事，爸說邢伯伯補上國大代表了。我問爸是什麼意思，爸說邢伯伯曾在河南參選國大代表落選，最近他那一縣來台國大代表去世，邢伯伯補上國大代表，是爲了湊足當年國民大會法定人數。邢伯伯就這樣，從工友搖身一變成了人物。

當年的國大代表可是大人物，邢伯伯變成大人物以後，漸漸與我們疏遠，後來終至失聯，邢伯伯什麼時候過世，活了多大歲數，我毫無所悉。

邢伯伯一生的際遇，可能連小說家都想不到的變幻莫測，在一個充滿戰亂、死亡、骨肉疏離的時代，邢伯伯的故事，恐怕是極少數外省人故事中的特例，這就是說外省人的故事也有喜劇。

悼念黃彰健院士

黃院士走了，大家並不意外，因為他已經高齡九十，近年來屢為高血壓所苦，身體一天不如一天，去年黃夫人去世，對黃院士的心情應該是一個重擊。黃院士在八十多高齡，還寫了一本六十多萬字的「二二八考證稿」，非但長壽，而且學術生命如此之長，想必與妻賢子孝有關，老伴走了，心情鬱悶可想而知。

我因為追隨朱浤源教授，一起研究二二八而相識黃院士，認識以後才瞭解黃院士是明清史學的大家，才開始讀了一些黃院士的文章及著作等，了解其本身對明清史有許多獨到的見解。我很有幸認識了一位大師級的學者，後來常拿一些我寫的文字給黃院士看，得到多次的讚美與鼓勵，也曾多次與黃院士長談，談中國歷史、中國文化，談台灣政治文化問題。

有一次談到土地改革，我對共產黨的土改、陳誠的三七五減租、耕地放領等政策評價不高，黃院士聽了非常驚訝，多次追問我原因，我說美、加、澳、紐等農業大國都有幾個特色：一、農場公司化、大型化。二、農業科學化。三、農業機械化。以中美作比較，美國耕地是中國的兩倍，農業人口才六百萬；中國農業人口八億；美國農民每人耕作八百畝地，中國農民每人耕種四畝地，所以台灣的土地改革沒有那麼偉大，只不過在特定的時空，完成了階段性的任務，台灣的土地改革只是小國寡民的格局，其精神與農業現代化背離。至於大陸的土地改革，已經成為中國農業現代化的障礙。黃院士聽了先是震驚，後來接受我的看法，多次鼓勵我寫出來，但是因為這個題目太大，我寫寫停停，迄今尚未完稿，黃院士已經仙逝，實在有負期許，思之愧疚不已。

黃院士用明清史學的研究方法，寫了一部二二八考證稿，態度之嚴謹、搜證之周全、立論之公正，有關二二八研究的著作，至今無出其右者。但是我對黃院士大作中的某些論證、某些觀點並不完全贊同，我寫了一些評論的文字，但是一直不敢拿給他看，因為他實在太老了，我極怕影響他的心情與健康。

二〇〇七年我憂心台灣的文化發展，又擔心馬英九的選舉，搜集了過去寫的雜文，出了一本書「策馬入林」，我把文稿先給黃院士看，並要求幫我寫序。

黃院士說：「你的知識很淵博，談到的東西很多我不懂，寫序難以下筆，我看沒有必要找任何人寫序，一定會是暢銷書。」

我完全了解黃院士的話，他不是謙虛，也不是看不起我，我們實在是隔了一個世代的人，他又多年埋首書堆，不像我飽經憂患，在萬丈紅塵中打滾多年，讀的雜書較多，對台灣社會百態比較瞭解。黃院士的預言不準，我的書沒有成為暢銷書，不過他對我的謬許，使我至今引以為榮，也是我這幾年勤於讀書，勤於寫作的重要原因。

黃院士在完成考證稿後，朱浤源教授召集我們二二八增補小組的成員幫忙校稿，我認為黃院士的自序中說，寫書的動機是爲了「兩岸人民的福祉」，我建議這句是否改成「爲了台灣的族群融和」，黃院士立刻正色地說：「這句話不能改，二二八影響到台灣內部和諧，也影響到兩岸關係，我化那麼大的力氣，當然是爲兩岸人民的福祉。」黃院士觀照的，是整個中國的文化與歷史，真是大師級的高度。

有一次我們談到中共政權，黃院士多所批評，並說中共「得天下不以其正」，我聽了心中暗笑，黃老夫子何其迂腐也，中國哪一個朝代立國不是經過血腥屠殺？哪一朝以「正」道得天下？可是時間久了，看到黃院士皓首窮經的求真精神，立身行事的儒者風範，我反覆咀嚼那句話，想到中國兩千多年來的專制政體、帝王之威勢、官吏之貪瀆、政治之黑暗，中國又多次歷經異族統治而沒有亡國，帝王權臣還能自我節制，不正是因爲有很多類似黃院士般，志行卓絕、風骨凜然的儒士嗎？

黃院士走了，但是留下的風範，正如他的著作一樣，永遠活在我們的心中。

叫誰誰就來

河南是目前中國人口次多的一省，也是比較窮的一省。因爲窮，出外打工的人多，犯罪率也比較高，所以有一度，河南人在全國都受到岐視，不久也有許多人替河南人講話。在台灣據非正式的統計，一九四九年來台灣的外省人，以山東人最多，其次就是河南人。來台的河南人多數是軍、公、教身分。山東因爲有海港，除了海軍還有商船、漁船，來台人多可以理解。但是河南地處內陸，爲什麼會有那麼多人來台灣，是個值得研究的題目。

我在台灣往來的河南人很多，除了父親那一輩的，我跟許多長我十歲左右的河南人，往來也很密切，許多朋友還是世交，後來兩岸開放，我常去大陸，也交了許多河南朋友。兩岸雖然隔離數十年不相往來，但是我發覺兩岸河南人有個共同特色，那就是愛開玩笑，說話很「滑稽」。我用「滑稽」而不用幽默，是因爲河南人開玩笑有些土氣，有些不雅，雖不登大雅之堂，但是好笑。所以只能用「滑稽」這個詞來形容。例如河南有句粗話「我日（**北方人常用，是肏的意思**）你娘的腳（音覺）」。我曾經問過很多河南老鄉，何出此語？「腳」有什麼好日的？但是無人能解。二十多年前，我們有一批五十到六十之間的河南老鄉經常聚會，我們這群人，各行各業都有，大家輪流作東，三杯老酒下肚，開始用河南話交談、說土笑話、唱河南梆子，河南梆子專唱滑稽或黃色戲詞，每次都會盡歡而散。

有時意猶未盡，會換到酒廊或酒家再喝，這兩種地方都有小姐陪酒。大多數也都會同意私下性交易。有一次我作東吃飯，飯局結束時大家都有三分醉意，於是決定去酒廊再喝，但意外的是，一位性好此道的李大哥說他不去。那時他太太在美國陪女兒讀書，他隻身在台，「老婆又不在家，一個人難道不會憋得慌」。憋得慌是很土的河南話，是指性慾被壓抑，沒有管道抒發的意思。「那倒不會。」李大哥一本正經地回答。「爲什麼不會，老婆不在，又沒有女朋友。」有人問。「我有雙手呀！你們忘了書上說的雙手萬能嗎？」他所謂用手是自慰的意思。他接著說：「用手的好處很多，第一不花錢；第二不會得性病；第三想林青霞，林青霞就來，想崔苔青，崔苔青就來（**林、崔都是當時台灣的大美女**）；第四絕對配合作業，要她躺她就躺，要她跪她就跪，絕不會跟你鬧彆扭。」話說完手一揮揚長而去，大家笑得前仰後翻。有很長一段時間，我們這個小圈子常用「雙手萬能」來開玩笑。沒想到愛開玩笑的李大哥，六十出頭就死於心臟病。

硬頸將軍卞大章

卞大章將軍六十九歲就去世了，以現代人的標準算是早逝。但是卞將軍去世時已退休十二年了，將軍五十七歲之盛年「奉命退休」，其中有一段令人尊敬的「隱情」。

當時將軍任職國防部研究發展室少將副主任，主持飛彈研發，國防部部長是蔣經國。蔣經國當時的威望還不足以服眾，許多老臣以及黃埔弟子口服心不服，尤其蔣經國在軍中推動從蘇聯學來的政工制度，更引起黃埔系統的厭惡與反彈。

蔣經國在部長任內推動「克難」運動，「克難」者省錢而能達成任務也。軍中如火如荼地展開運動，每年選出各類「克難英雄」，接受表揚，報紙、電視爭相報導，與大陸「學雷峰」頗有幾分神似。

有一回，部長主持會議，宣導克難運動。卞將軍發言大意謂，飛彈研發是非花錢不可的工作，「克難」就不會有成績。當年蔣部長年輕，挾太子之威豈容部下頂撞，盛怒之下拍桌斥責，卞將軍據理力爭毫不退讓，會議不歡而散。沒多久，將軍「奉命」提早退休。

「奉命退休」一事轟動一時，將軍直聲贏得朝野的敬重與同情。數月以後，蔣部長可能後悔自己太沒風度，派了國防部一位少將，帶了一塊上好西裝料來慰問將軍，並詢將軍願意擔任公營事業顧問職務否？將軍回曰，退休金足夠生活，不願再出任公職，退休後息交絕遊，詩文自娛，西裝料請帶回去。後在這位少將苦苦哀求之下，將軍收了西裝料，未久接到國防部通知將軍退休俸比照中將待遇，這是將軍退休後的一點「餘波」。

卞將軍世居江蘇阜寧，耕讀傳家，十八歲投考中央陸軍軍官學校第八期，獻身革命事業，抗戰期間服務於七十九師，隸六戰區。抗戰勝利後，任安徽阜陽團管區司令兼城防司令。一九四八年初，共軍劉伯誠率數萬之眾攻圍攻阜陽。將軍集結民眾、地方團隊死守，擊退劉伯誠十餘次猛攻，並相機出擊，歷月餘之久，劉部潰退。

來台後任政幹班少將大隊長，一九五三年奉調國防部，先後任史政局副局長，研究發展室副主任等職。

將軍退休後，含飴弄孫之外，並寄情作詩，參加詩社，時有佳作刊載報章雜誌。

一九七八年六月十四因心臟病辭世，享年六十九歲。將軍性耿介，黑白分明，不忮不求。晚年為心臟病所苦，數次急診後自知不久人世，乃作自輓聯曰：

此生來去竟匆匆，奈何勞勞草草，恁這般撒手塵寰，不復睹金陵城郭，淮甸風光，怎能甘心瞑目；再世輪迴難了了，大抵噩噩渾渾，倘真個投身人道，敢奢望司馬文章，臥龍節慨，也好吐氣揚眉。

自輓聯雖有鬱悶不平之氣，亦有豪情萬丈之志。

將軍辭世之時，蔣經國已任總統，頒發旌忠狀、褒揚令。先生喪禮備極哀榮，國防部長、參謀總長，三軍總司令均親臨致祭。最値得玩味的是許多將領都送重金。陸軍、海軍總司令致贈奠儀三萬元，空軍總司令烏鉞竟致贈六萬元。喪禮結束後核計，奠儀收入高達兩百餘萬元之多，這在當時是一筆大錢。軍中將領致贈奠儀，雖然可能是用公款，但金額之高，超出當年行情太多，家人均大惑不解。

我想除了因爲前來致祭將軍們敬重卞將軍風骨，知道將軍一生自甘清貧，希望將軍去後，卞老夫人有錢可安度晚年外，多少還有點抗議蔣經國迫害忠良的味道。這是一個合理的推論，因爲將軍們的禮送的實在太重了。

卞大章將軍是筆者岳父卞炳章的胞兄。

後記：有一次好友餐敘，我講這段故事，郭冠英判斷，有可能是經國先生交待或暗示將軍們送重禮以恕前愆。

老鄉

「台灣是個鬼地方，鳥不語花不香，男無情女無義，跟咱老家怎麼比？」

當年來台的老兵，很多人到台灣之前，根本沒聽過台灣，跟著國民黨，打了敗仗，糊里糊塗地到了台灣，當年所謂的「老兵」，平均只有二十多歲，當年叫「老兵」，是指從大陸撤退的政府部隊，「老兵」是有別於在台灣徵的「新兵」，新兵不是職業軍人，當兵叫「服兵役」，兩年退伍，這些新兵通稱「充員兵」，退伍後叫「後備軍人」。軍中的幹部，除了大陸撤退來台的軍官外，年輕軍官幾乎都來自三軍官校。大學畢業服「預備軍官役」，簡稱「預官」，預官敘階少尉，一年退伍。

當年國民黨軍隊的骨幹，是有作戰經驗的老軍官或老士官，他們戰場經驗豐富，很多人打過抗戰，又歷經國共內戰，尤其是老士官，雖然在大陸入伍時可能不識字，但因爲受「隨營教育」，起碼有小學以上的程度，他們負責在部隊帶新兵，或訓練新兵，熟習操典，又有實際作戰經驗，頗能服眾，有些充員兵對老士官畏之如虎，老士官中，階級最高的是士官長，許多軍官都對他們禮讓三分，士官長在軍中有特殊地位。

軍官對士官長禮讓三分的另一個原因，是他們有很多次犯上紀錄。這些老兵大多數都隻身來台，遠離家園，到台灣一晃十年過去了，整個國際局勢的演變，老兵心裡有數，這一生他們再也回不了家，再也見不到父母親人了。長年的思念故鄉，思念親人，使他們個個像地雷，隨時會爆炸，對故鄉的思念，轉化成對台灣的怨恨。

「什麼鬼地方，一下雨下一個月，早上大太陽熱死人，晚上一陣雨又凍死人，換衣服都來不及，又有颱風，又有地震，真他媽的鬼地方，還叫『寶島』，什麼寶？『耍寶』的寶。」

除了精神苦悶外，老兵對台灣的氣候也多不適應，尤其夏季，南部太陽凶猛無比，整天汗流浹背，平時野戰軍服很厚，是一種人字形交叉織成的卡其布。當天汗水濕透，乾了又濕，濕了又乾，到了黃昏，許多人的衣服上會有一層薄薄的白鹽。軍中營房是長形木屋，上下兩層床鋪，每個床頭有一排可以閉合的小木窗，通風非常不好，夏天燠熱難耐，冬天擋不住冷風。除了冬天少數幾天氣溫特別低外，一年四季都有蚊子，所以每個人都有一個蚊帳，蚊帳妨礙了空氣流通，有時鑽進去一隻蚊子，耳邊不停嗡嗡地響，有人因而失眠，有人半夜拿手電筒起床打蚊子。

當然更嚴重的是性問題，當年老兵都是青壯之年，性需求強烈，金門有營妓，官稱「軍中樂園」，台灣本島也有，但數量不多，不敷需求。還好當年台灣允許公娼，大都市都有風月區，是合法娼妓，價格也不高，大致而言平衡了供需。

士官長有一天，跟兩個老兵一起逛窰子。當年台灣的風月區格局差不多，很多小屋連在一塊兒變成小小的巷弄，每個屋子進去又隔了很多小房間。很多妓女站在門口拉客，巷子太窄，除非天氣太壞，平常人很多、很擁擠，遊人一半以上是來觀光的，有目的而來的嫖客，往往東挑西撿，逛了好幾趟以後才選定對象，選定了以後，妓女帶進小房間，二話不說，脫了衣服就幹活，幹完後就付錢走人。那天士官長一行邊走邊聊，士官長的嗓門大，而且口音很特殊，據士官長說，他不是一般東北口音，是屬於東北一個小縣某一村子特殊的口音，在台灣還沒遇過小同鄉。聊著聊著，突然一個妓女從人堆裡擠了過來，一把抓住士官長，大聲地說：「大哥，你是不是××村的。」一口鄉音跟士官長一樣，顯然是老鄉，而且是小同鄉，士官長也很興奮地回答：「對呀！妳一定也是，我一聽口音就知道，真難得，在台灣我還是第一次遇到老鄉。」士官長立刻跟她用家鄉話聊起來了。

「進來吧，我們好好聊聊！」說完牽著士官長的手，往陰暗的小房間走，士官長不由自主跟著走，走了幾步突然停下腳步，瞪著妓女看了半天。妓女徐娘半老，燈光雖暗，仍可以看到她臉上塗著厚厚的一層粉，可能是爲了掩飾皺紋，但是顯然是劣質的粉，粉乾了在臉上裂開了，好像農田久旱之後的大地龜裂，身上散發著廉價的香水味，非常刺鼻。士官長瞪著妓女，楞了幾秒鐘，突然用力把手甩開，厲聲說道：「去妳媽的！咱村子的人那有賣B的。」妓女被這突如其來的罵聲嚇壞了，就在原地呆若木雞。士官長好像餘怒未熄，又狠狠地瞪了她兩眼才離去。

妓女低著頭進房間了，士官長頓覺得頭暈，腳步踉蹌，有點想吐，那種感覺很像以前在戰場上，連長叫他槍斃一個年輕的共產黨，那個共產黨潛伏在連上，平常跟士官長很談得來，小伙子身體棒，口才好，長得眉清目秀。槍斃以後也是頭暈、想吐、很難過。對了，那是「難過」，比「恨」還痛苦。「我真不是東西，大家都是落難之人，她爲什麼當妓女，我也不知道，我憑什麼罵她，咱東北做土匪、做漢奸的人多的是，他們難道比她高貴？我真沒同情心。」老士官長內疚不已，沒多久就回營了。

當天晚上，老士官長輾轉難眠，想起家鄉的牛羊，想起鄰家的姑娘，想起爹娘。他很後悔對妓女口出惡言，多惡毒、多傷人，「我真他媽的沒人性」，從此內疚一直折磨著自己。

後來老士官長去了那間妓女戶多次，想跟她道歉，想跟她聊聊，想認這個老鄉，但是再也沒見到她。

後記：林來瘋成名後，大陸說他是中國人，台灣說他是台灣人，美國說他是美國人，都沒錯，沾親帶故，引以為榮，人之常情也。相反的，如果做了見不得人的事，親友也都會引以為恥。老士官對妓女引以為恥，是正常反應，內疚也是正常的，因為她做妓女可能是歷史悲劇造成的，不能怪她。但是，台灣是一個不正常的社會，總統全家涉及貪汙案，親友不以為恥，真怪！民進黨搞去中國化，居然說台灣人不是中國人，其實任何人不知羞恥者，都不配做中國人。

遙想當年太子黨

一九四九年國民黨在大陸徹底潰敗，政府遷到台灣，當時政府機構是團體行動，因爲人數不是很多，所以官方調動的交通工具大致可以應付。

政府公務員多數來台，軍隊因爲人數太多，交通工具不夠，加上來自四面八方，許多部隊來不及到港口就被殲滅了。至於一般百姓，有的跟部隊，有的坐民船，有的坐漁船，各種不同方式來台。

總人數據說兩百萬，但我看過陳誠檔案，在其主持撤退，向蔣介石總裁報告中說，希望控制遷台人數在一百五十萬人以內。

至於後來實際來台人數究竟多少，恐怕很難查證，不過應該在一百五十萬到兩百萬之間。軍隊來台號稱六十萬，實際只有四十萬人。

一個五億人口大國的政府官員聚集在一個小島上，其擁擠可知。雖然大多數官員都降級任用，但是有些大官子弟依然活在過去，以貴族自居。這批人不多，但是父輩多是老友，所以第二代不少人也玩在一塊兒。

台灣當年的大官多半教子很嚴，動輒體罰，不少第二代品學兼優，後來很有成就者，但也有不少頑劣成性者。

最有名的就是蔣經國的兒子，幾乎個個不肖。為此蔣極為痛苦，經常盛怒之下動手狠打，但並無效果。

當年台灣官二代只有一個黃伯韜（抗日名將，死於國共內戰）的兒子黃效先，捅過大紕漏，又因同性戀而殺人，被判死刑，經蔣介石特赦改為無期徒刑。

我年輕時不屬於太子黨，但認識不少太子黨，記述兩個太子黨的劣行，以饗讀者，因故暫隱其名。這是真人真事，故應有史料價值。

其一、某上將在大陸為一方之霸，其幼子頑劣。有一次被警察少年組逮捕，當時少年組組長魯俊，抓到不良少年先毒打一頓，但是怕打到太子黨，所以被抓小孩先填一份家庭調查表，先看父親職業再決定揍不揍。

這位上將之子，在父親職業欄填「治喪委員會主任委員」，蓋其父來台後投閒置散，無兵無權，無事可做，但因地位高，資格老，所以常替已故好友掛名「治喪委員會主任委員」，少年組瞭解後笑而釋之。

其二、有一個禮拜天，我跟幾個朋友去看早場電影，我們買學生票，有位將軍之子買軍警票，只有半價，比學生票還便宜，當年國民黨在電影院，都派駐特工人員。

那天進場時，我們連學生證都在口袋裡沒拿出來。這位將軍之子，卻把爸爸的補給證（軍人領補給品用，可證明軍人身分）拿在手上，進場時一把被站在收票小姐後面的特工人員搶走，打開一看，瞪著這位光頭中學生說：「你是陸軍中將？」

最後他被扣數小時，父親派參謀把他領走。冒用父親補給證以後，大家都叫他陸軍中將。

撫今追昔，台灣太子黨真是小打小鬧，簡直不成氣候。

結拜兄弟——海盜幫大老三毛

早年外省幫派的聚合，多帶英雄色彩，逞勇鬥狠，只為爭做英雄。早期的外省幫派之中，海盜幫也曾經橫霸台北東區多年。很多人不知道為什麼用「海盜」兩個字，這兩個字野蠻，不文雅，作為幫派名字實在不高明，四海、竹聯、血盟、三環等幫派名字都比較好聽得多，有水準得多。

其實原因是當時，剛好有一部好萊塢的古裝武打片「海盜」在台北上演，票房很好，這部電影的兩個男主角，一個是寇克•道格拉斯，一個是湯尼•寇帝斯，他們都是好萊塢的紅星，本來就是年輕人心目中的英雄，這部片子就是演兩個英雄的故事。

海盜幫在結拜之前，大家都看過這部片子，劇中人英雄的形象，在大家心中還十分鮮活，所以第一次在蔡氏園（**今天靠吳興街的山坡上**）結拜，有人提議用海盜幫，大家一致通過，海盜幫就這樣誕生了。

海盜幫的成員，大多數都是四四兵工廠員工子弟。兵工廠有三個大眷村，四四西村在今天世貿中心、君悅飯店基隆路對面，到光復南路之間，佔地頗大，後來改建成今天的忠駝國宅。四四南村在今天世貿展覽館信義路對面，現也改建成國宅，留下了幾小間房子做眷村紀念館。東村在今天台北醫學大學吳興街旁，後來全村遷到青年公園國宅。

侯湘琳是海盜幫發起人，也是早期外省掛重量級的人物。侯的父母都是軍醫，侯伯伯擔任四四兵工廠附設醫院院長多年，侯媽媽也在醫院看診。侯媽媽和藹可親，我們都曾經是她的病人，一直到今天提到侯媽媽還令人懷念不已。

侯湘琳從小頑皮，外號三毛，愛打架，曾經有一次無故欺負我，我奮而抵抗，仍不是他對手，吃了點虧，後來侯媽媽知道這件事，把三毛痛打了一頓。

三毛在我高二那年，殺人被判十五年，坐了七年多的牢。出獄後發憤讀書，考取文化大學夜間部法律系，畢業後跟沈慶京一起做生意，也曾風光多年，後來與沈分手。三毛不是做生意的料，嘗試多種，都不成功，又拉不下臉做些小兄弟替人「圍事」賺些小錢之類的事，坐吃山空，經濟日益困窘。那段時間他已經窮得要命，海盜幫老大李存果因殺人案正在獄中服刑，三張犁眷村兄弟自然把他視為領袖，殺人、被殺、醫藥費、律師費常找我開口。

那時我生意做得不錯，幾乎有求必應。他也很有分寸，從來沒為自己的事開過口。我的財務支援，讓他在圈子裡的地位更穩固。然而三毛，沒能耐靠他個人在道上的威望，賺到一分錢，臉皮薄是最大原因。我常嘲笑他，別人混流氓為了賺錢，你這個流氓只會花錢。我叫他「凱子流氓」，而我自嘲自己是「凱子的凱子」。

陳水扁當選市長，不到三個月，公司橫遭陳水扁政治迫害，辛苦了二十年積累下來的資金、信用瞬間瓦解。公司資產遭法院查封，只剩下幾個死忠的部下，跟著我料理善後。三毛在我走投無路的時候伸以援手，叫我把公司搬到他公司去。事後我才知道，爲了請我到他公司，他借了一百萬元，付了房東一部分積欠的房租，又花了些錢重新裝修。公司殘兵敗將窩在三毛辦公室，處理官司、債務和各種糾紛，達三年之久，度過了我一生最暗淡的歲月。

我一生輕財好義，三教九流朋友甚多，沒想到大難臨頭，竟一個個棄我而去。三毛是窮朋友，沒想到我在難中，他借錢來支援我。後來他得了食道癌，並不意外，因爲他抽煙、喝酒、吃檳榔，所有惡習都有，查出食道癌後曾經開刀、化療，看來身體漸有起色，未料有一天半夜突然大量胃出血，急救無效辭世。三毛是一個非常特殊的流氓，講是非，講原則，而且有所不爲。這種流氓在任何社會都算稀有動物。

山東包返鄉記

抗戰勝利不久，國共正式開打，雖然檯面上有政治協商會議，馬歇爾來華調停，但雙方一點互信基礎都沒有，實際上幾乎沒有一天真正停止戰鬥。山東是國共鬥爭時的重要戰場，據山東文獻許多老鄉的回憶，本來山東省主席是沈鴻烈，沈是老將，久歷戎行，治軍從政都行，但是當時蔣介石推行文武分治，即不希望武官兼文職，所以沈鴻烈去職，換文官牟中行繼任。牟不符人望，又無軍事長才，所以勝利不久，山東親國民黨的地方部隊與親共的地方部隊，在激烈戰鬥之後，大部分縣市被「解放了」，甚至山東省政府都遷到安徽去了。山東因為靠海，許多軍人如劉安祺、王叔銘、劉玉章，都率部撤退到台灣，也有大批流亡學生，或跋涉千里隨政府來台、隨軍來台，所以台灣外省人中，山東人最多，在台灣也出過如孫運璿、孫震、張玉法等大人物。孫運璿做過行政院長，孫震做過國防部長，張玉法是知名學者。

當然小人物更多，山東老包就是其中之一，他姓張不姓包。為什麼叫山東老包呢？因為來台灣以後，有一度在松山虎林街一帶賣包子饅頭，所以被人叫山東老包，也有人直接叫山東包。

山東包生長在地主家庭，家大業大，騾馬成群，從小習武弄棒，因為好吃，所以從小學會做包子饅頭，當年在台灣，賣包子饅頭或開小餐廳者大多是山東人，而這些老鄉多來自富有家庭，所以很多人懂得吃，有很多人以爲賣包子饅頭的山東人來自貧苦家庭，是錯的。

山東包來台經過頗爲曲折，民國三十七年（一九四八年）山東包家鄉陷共，家財全被沒收，父親長輩個個以地主、惡霸的罪名被批鬥，被鎮壓，媽媽上吊自殺，山東包帶了一批小兄弟，組成游擊隊與共軍周旋，屢戰屢敗，大勢已去之後，輾轉逃到南韓，開小餐廳發了財，七〇年代回台灣，娶了老婆，但沒有生育，也不以爲憾，因爲在山東，原配已經替他生了三個兒子，山東包在思鄉思親無以舒解之時，常常跟人說：

「俺是地主家庭出身，又是反革命，兒子在老家肯定是黑五類，絕對沒好日子過，俺不求別的，只希望共產黨放過我三個兒子，只希望他們還在人世。」說著說著，流下了兩行老淚。

文革結束，鄧小平改革開放不久，山東包就跟孩子們聯絡上了，孩子在文革時期受了不少罪，但都活過來了。他開始託人帶錢，後來兩岸通郵之後，父子之間就直接通信了。

爸爸第一次匯錢給兒子，每人兩千美金，兒子們非常感激，都來信道謝，老三甚至來信，說我們在大陸生活很好，無災無病，以後不要再寄錢了。老爸不聽，還是經常寄錢，後來老婆知道了，頗有怨言，只好瞞著老婆寄錢，次數多了，被老婆發覺，大吵一架，老婆警告山東老包：「聽說大陸經過文革，人心都變了，你的錢都是辛苦賺來的，萬一兒子們對你這個多年不見的老爸，並無感情，只圖你的錢……。」「唉！」山東包搖搖頭深深嘆了一口氣，不再說話，心裡想：「老婆怎麼知道我的心情，想當年我在老家是大少爺，每天吃喝玩樂，除了他們媽媽以外，又有奶媽，又有保鑣，做老爸連抱都很少抱過，逃到韓國時老大才六歲，三個孩子連一張照片都沒帶出來，後來孩子的容貌在記憶中徹底消失了。兒子現在長成什麼模樣都不知道，想起兒子除了思念，更多的是愧疚，可是又有什麼辦法呢？我留在山東都不得好死，兒子們的處境更好不了。」

台灣開放探親以後，山東包就急著要回老家看兒子，沒想到台胞證、機票都弄妥了，卻心臟病發作，住院、開刀拖了半年多才成行，當年交通不便，下了飛機又轉乘火車，兒子約好在火車站接他。火車快到站，老頭激動得發抖。

三個兒子爭著要老頭住他們家，最後選擇住老三家，因爲老三還沒有兒女，房子也夠住。

「老爸，明天縣書記要請你吃飯，他們很重視咱家的台灣關係，因爲這是小平同志的政策。可是拜託老爸，明天領導問起來，你就說你在台灣做生意，嗯！就說是做食品批發好了，千萬別說在台灣賣饅頭，因爲領導都很勢利眼。」兒子的話，老頭聽了半懂不懂，心裡想奇怪了，賣饅頭難道丟人嗎？但是繼之一想，兒子要面子，配合兒子說一次謊也無所謂。

一連幾天大吃大喝，領導又送了一大堆土產、特產，老頭快樂極了，一方面覺得國共之間真的和平了，一方面覺得此行可以提高兒子在領導們心中的份量，也算幫了兒子們一個小忙。

有一天在老大家聚餐，老頭對兄弟說：「共產黨真的變了，當年的共產黨，你們不知道多恐怖，殺人不算什麼，羞辱人、折磨人，毫無人性，你們看，今天的領導們知書達禮、和藹可親……。」

「爸！你知道嗎？文革時代，迫害我們家，逼得媽媽上吊的也是這批人。」老頭聽了悚然一驚，沉默不語。

老頭回台灣以後，眉飛色舞向朋友誇耀兒子們的孝順、誇耀領導們對他的禮遇，可是老伴對他此行大表不滿，因爲連來回機票，加上送給兒子們的現金，一共花了二十多萬台幣。大吵一架以後規定，所有現金歸老婆管，老頭每月向老婆支領三萬台幣，意思是除了打小麻將，每月至多可剩一萬台幣，每個月最多貼兒子一萬台幣，但是也夠了。

台灣的情況，兒子並不知道，只覺得爸爸愈來愈小器了，常常幾個月都不寄錢來。有一次老大來信說要修房子，要兩萬人民幣，老頭猶疑了很久，最後向朋友借了十萬台幣給兒子匯去，當時的匯率只換了一萬多人民幣，兒子來信說不夠，老頭生了一陣子悶氣，沒回信，也沒有再寄錢給兒子。

兩年後，老伴得癌症死了，山東包的老朋友多數也都走了，老頭在台灣孑然一身，很孤獨，也很想家，想回去定居：「當年窮凶惡極的共產黨已經不見了，故鄉變回了兒時記憶中的故鄉，何況落葉歸根，我沒理由死在台灣。」

經過長時間的思考，老頭把仁愛路的房子賣掉了，賣了一千多萬台幣，吳興街一幢房子留給自己住，計畫在山東買一幢房子自己住，大陸房子便宜，一個人住不要太大，只要離兒子近一點，剩下一千萬，約台幣三十萬美金，每個兒子給十萬美金，用來創業也好，改善生活也好，任由他們自己支配。

第二次回老家，怎麼一切都變了？領導們不再請吃飯，兒子們也似乎對老頭不是很在乎，老頭可是聰明人，又跑遍大江南北，在韓國就賺了不少錢，回台灣省吃儉用，買了兩幢房子，又有存款，又有股票，如果是笨蛋，那能累積那麼多家當？老頭冷眼旁觀，又從鄰居口中旁敲側擊，得知原因。幹部後來發覺，老頭在台灣是販夫走卒之流，不是統戰對象，熱情瞬間消失。兒子們看老爸土裡土氣，穿著打扮不像其他台胞光鮮亮麗，懷疑老爸是窮光蛋，當然老爸也沒有提到自己在台灣的財產，跟兒子在一起的時候，曾經數度想提一下自己在台灣的財產情形，但每次話到嘴邊就停住了，原因很複雜，也許想測試父子之情是否是真的，到底離別那麼多年，兒子又在一個不同的世界長大。

日子愈來愈難過，有時老大、老二借故太忙，一個禮拜都見不到一面，過得比在台灣還孤寂。

有一個禮拜天一大早，老頭把老三從床上叫起來，叫老三送他到火車站，說要到北京玩幾天，行李都整理好了，要兒子立刻雇車，並且要上了火車以後，再跟哥哥們說。老三充滿了狐疑，再三追問什麼原因，老頭被逼急了，抿著嘴，含淚搖搖頭說：「好啦，路上我會告訴你的。」

在到火車站的路上，老頭平靜地說出他的心情。

「我不怪你們，只怪造化弄人，你們經歷過文革，經歷過飢餓，你們窮怕了，我不怪你們，但是你跟哥哥們說，你們也要替我想想，逃到韓國，逃到台灣，也是不得已的，那麼多年，飽受慚愧思念的煎熬，不知多少次夢到老家，今天才知道，這裡已經不是我的家了。你比兩個哥哥強，所以我留一萬美元給你，我以後不會再回來了，你們好自為之，我光棍一個到韓國、到台灣，憑勞力也能掙到一些家當。當然，如果你們有問題、有急用，可以找我。」

老頭真的去了北京，一改過去省吃儉用的習慣，住北京飯店，包了出租車到處玩，到全聚德，一個人吃了隻烤鴨，誰都不知道，這台灣來的土裡土氣的老頭，身上懷有巨款。

回到台灣不久，就接到三個兒子的來信，內容大同小異，都說爸爸誤會了他們，那段時間確實太忙，沒時間陪爸爸，請原諒，並且邀爸爸儘快回家。老頭沒回信，以後兒子的來信，連拆都不拆。

十年後，三個兒子申請來台掃墓，跪在墓前大哭了一場。

後記：這是一九八〇年代的真實故事，當年類似的故事很多，如今大陸也富裕了，類似故事已不會再發生。這個故事常常讓我想起，胡適的一句話「貧窮就是罪惡」。

太子黨之閻老西

閻老西，本名閻志昭，山西五台人。家裡來頭頗大，伯父山西王閻錫山是也。

老閻高中跟我同學，瘦得皮包骨，常年兩筒鼻涕從不斷流。走起路輕飄無聲，如同幽靈，不知誰給他起了個外號叫「妖怪」。回憶當時他的德行，倒也名副其實。

閻志昭雖然是閻錫山的侄子，卻毫無貴公子習氣，非但如此，由於穿著邋遢，看來像三級貧戶之子。

當時我戲稱他是「軍閥餘孽」，他聽了大怒，硬說他伯父是「黨國元老」，這個爭論一直到我們都老了還沒停止。

後來我說，事實上中國近代史有所謂的軍閥時代，那個時代的軍事領袖都叫軍閥，軍閥有好有壞，你老伯父還不算是太壞的軍閥。這種說法，他勉強接受。

閻錫山在四九年國民政府兵敗如山倒之際，組織戰鬥內閣，協助中央大撤退，台灣局面未定即下台。政府在陽明山撥了塊地，安頓閻帶來的老部下，閻從此退出政壇，結束了他與蔣介石的關係。閻的親人來台甚多，但已不屬特權階段，均靠自己讀書、創業。

闆老西大學畢業後經商，做珠寶生意，他老兄粗枝大葉，吃喝玩樂無一不好，又沒受過正規訓練，所以生意一直沒做起來。有一度發生財務危機，公司瀕臨倒閉，結果怪我，不該借太多錢給他，否則他不會賠那麼多。我知道了曾向他鄭重道歉，我害他賠多了。

我對老闆的怪論一直不以爲忤，他其實心地善良，豁達大度，有文人氣息，根本不是做生意的材料。

有一次他從香港回來，帶了一隻當時很流行的手提包，手提包有號碼鎖，號碼可自己設定。那次到了海關，官員要檢查，結果他打不開自己的手提箱，越打不開海關越疑心，越要他打開，結果海關說我們要依法破壞這手提箱，而且不負責賠償。他迫於無奈，只好答應了。

那皮箱夾層中還有鋼板。海關又是刀，又是鋸，搞了一個小時，才把皮箱打開，打開以後，老闆一看「咦！這不是我的箱子！」海關哭笑不得，結果賠對方一個箱子了事。

太子黨之房事

當年蔣介石來台，整軍經武，矢志反攻大陸，並宣誓曰：一年準備二年反攻，三年掃蕩五年成功。蔣除了積極備戰外，一直認爲美蘇遲早一戰。國際局勢變化，台灣就有機會。同時大陸一直在搞運動，天災、人禍不斷，反攻大陸解救大陸苦難同胞，是責任、是使命。

結果日復一日年復一年，國際局勢日趨和緩，美國對中國大陸暗送秋波，台灣出現了反攻無望論。

雖然國際局勢對台日趨不利，但蔣從不灰心喪志。

蔣的部屬可沒那麼堅強的意志，早就把「反攻大陸」當笑話，對蔣的壯志虛應故事外，漸漸也習慣了台灣的生活。當年許多大陸的風雲人物到了台灣，擠在一個小島上，除了少數人之外，多半投閒置散，大家都以流亡、遺民的心境，互哀互憐，也都忘記了過去的恩怨是非，光棍司令、赤腳貴族漸漸形成了一個小集團，日子過得倒還自在。

有一批高級將領，眼看反攻無望，於是做長治久安的打算，紛紛購地建屋，當時台灣土地便宜，這些將軍們大約每人花了十幾萬台幣，有的購地自建，有的向老百姓購買，多數是日式小洋房，有花園，有車庫，土地平均約九千平方米，房屋約三百多平方米，在當年算是豪宅。

有一天，蔣老先生突然找一位情報系統的首腦，徹查將軍們的房事。受命者一看資料，被調查對象不是老長官，就是老同事，所涉及財產不明事小，將領灰心喪志事大。老先生天威莫測，這事真不好辦。

最後乾脆找所有相關將領秘密開會，決定兩個方案：其一、各人房屋產權繳歸國防部所有；其二、向老先生報告，事出誤會，其實房子都是國防部的，由國防部分配給他們做眷舍。

調查很快過關，將軍們漸漸凋零，後來有些房子第二代住，有些第二代出國發展，房子就空著，有些房子甚至被樹木掩沒。

蔣介石過世了，台灣漸漸變成一個多元化的民主、工商社會，第二代主張房子產權，紛紛拿出土地、房屋買賣契約、付款收據、繳稅等證據，證明房子是老爸買的，逼於蔣的威勢，非自願捐給國防部，所以要求發還。

當時國防部長是郝柏村，郝衡情度理同意發還。

有一天，一位好友帶了一位知名少爺，他老爸是蔣來台後的重要幹部，曾迭任要職，老爸去世的時候，他人在美國讀書，回台奔喪後又赴美定居。等知道國防部會發還房子的時候，手續時效已過，而且郝柏村已下台，國防部已把房地所有權交國有財產局。

「聽說武大哥跟張委員是老友，張委員對國防部長有影響力，所以……」

我聽完故事的來龍去脈以後，搖搖頭說：「坦白說這件事我幫不上忙，事情如此複雜，尤其又扯到國有財產局，我看這個案子神仙也沒辦法……」

不久聽說某立委接下這個案子，並拍胸膛保證可以解決，後來沒有下文。多年來許多掮客嘗試處理此案，但是一直沒有成功。從我知道這件事，一晃十幾年過去了。

一直到今天，這幢房子還是空屋，顯然問題還沒解決。

關二爺之死

我認識關二爺很晚，是透過好友梁光明介紹，卻成了忘年交，記得那年我已五十出頭，關二爺已經八十多了，應該是我的長輩，但是我們有許多共同話題，每次相聚，舉凡飲食男女、風花雪月，無所不談，關二爺有好酒量，又甚健談，所以我們很快成了好朋友。

關二爺一生，歷經近代中國所有的苦難，當年是典型的愛國青年，也是典型的中國士大夫，後來隨國民政府來台，公職退休後不久，老伴死了，子女留美移民，二爺與弟弟兩人相依為命，弟弟行三，大家都叫他三哥，我也跟著叫三哥，三哥照顧二爺無微不至，酒酣耳熱之際，二爺高談闊論，弟弟一旁靜靜聽，只有在二爺飲酒過量時，弟弟會出面勸阻。

「哥！不能再喝了，你今天又過量了。」

二爺通常很聽話，弟弟一句話就把杯子反蓋在桌上，不再喝了。

第一次見面是二爺請客，我是不速之客，覺得白吃一頓，有點不好意思，於是堅持回請，沒想到從此竟被二爺黏上了，你來我往飲宴不斷，漸漸地我覺得有點吃不消了，開始拒絕二爺的邀約。原因之一，是我那時正值壯年，精力過人，聲色犬馬無一不好，公私兩忙，實在沒那麼多的時間陪二爺。

二爺的飯局多半是二爺做東，赴宴的朋友三教九流，當時二爺是高級公務員退休，領八成薪，孤家寡人一個，沒什麼開銷，唯一的花費是請客吃飯。

有一天二爺又來電話，我跟二爺說有事不能赴約，二爺在電話中嘿嘿一笑說：

「之璋老弟，我是老江湖了，不要騙我！你哪有那麼忙？你是在躲我，是不是覺得跟我吃飯很無趣？」

我一聽大吃一驚，一方面覺得有些不好意思，一方面佩服二爺真是老江湖，怎麼猜得那麼準，我自以爲喜怒哀樂不形於色，每次禮貌地婉拒二爺的邀約，應該掩飾得很好，沒想到……

「二爺快別這麼說，這兩個禮拜有外國客戶，真的很忙，下禮拜我請你。」

「好了好了，之璋老弟，我也不爲難你，你年輕花樣多，不好讓你老陪我這個老朽之人，這樣好了，你認我這個老哥，以後每個禮拜至少陪我吃一次飯，不會再多，也不能再少。」

從此以後我信守承諾，每個禮拜陪一次，直到二爺過世。

有一次二爺請吃飯，有人談到李登輝，那時李的羽翼已豐，漸漸露出了真面目。大家你一言我一語，話題圍著李登輝的話題打轉。噹噹！噹噹，二爺用筷子敲了幾下盤子。

「安靜！安靜！聽我說幾句話。」二爺提高了嗓門兒，大家頓時安靜下來。

「各位弟兄，以後咱們吃飯不准談李登輝，因爲我聽到這三個字就倒胃口，不但不准談李登輝，而且不准談政治，台灣政治沒什麼好談的，除了再革命，一切都是空談。」

「哥！你喝醉了，怎麼這麼講。」三哥連忙阻止二爺再說下去。

「怕什麼？台灣老一輩的外省人都是混蛋，都是孬種，任由民進黨胡鬧，任由李登輝亂來，老子要是年輕二十歲，非革命不可。」

「喝酒！喝酒！我哥喝醉了，別把他的話當真。」三哥舉起酒杯，打斷二爺的話。

那一天，二爺喝得大醉。

一個禮拜後，飯局一開始，二爺就舉杯跟大家說：「各位，抱歉我上次喝醉了，說話激動了些，不過真的，以後咱們吃飯只談風月不談政治，上回酒醒了以後，我感觸很多，做了一對自輓聯，代表我的人生觀，上聯是『以喝酒扯蛋爲己任』，下聯是『置國家興亡於度外』。」

二爺此聯的靈感，來自蔣中正先生晚年病中的對聯，上聯是「以天下興亡爲己任」下聯是「置個人死生於度外」。

二爺說完，瞪著我問：「之璋，我的自輓聯寫得好不好？」我吃了一驚，沉默片刻說：「好是好，只是有哀音」。

「之璋，真不能小看你，你比我年輕許多，卻是達人。」

聽了二爺的讚美，心中沒有半點快感，卻突然冒出一股凄楚的感覺，心情變得十分惡劣。

有一天早上六點多電話鈴響了，我接了電話，先聽到一陣哭聲，後來聽出是三哥的聲音，但聽不清他在說什麼，反覆聽了幾遍以後，才知道二爺走了。是在睡夢中走的，三哥發現的時候，身體已經冰涼。

「三哥不要難過了，二爺那麼大了，是高壽，該當喜事辦，而且你應該知道，二爺早就不想活了，以他的年齡，以他的健康狀況，怎麼能天天喝酒，二爺這樣安祥地走，也算是修來的福氣。」

我已經不記得，有沒有參加二爺的喪禮，或許那並不重要，但是我記得二爺走了以後，三哥請二爺生前好友吃飯，飯前大家相約，留二爺的位子，擺上碗筷，席間不准談政治，更不准提李登輝，也不准人爲二爺的死而傷感，那頓飯只談黃色笑話，談麻將，最後賓主盡歡，幾乎每個人都喝醉了。

以後再也沒見過三哥，算來已二十多年了，三哥應該也不在人世了。

白色恐怖

歷史工作者的責任，是要發現、描述歷史的情境。如寫法國大革命，除了事件的前因後果，也要設身處地，假設自己是當時的巴黎市市民，他們的狂躁不安，滿腔熱血，對皇室的痛惡，對自由的渴望，甚至他們的笑、他們的淚，都在史家的筆下，一幕一幕重演。

但是描寫歷史的情境是很難的事，不能靠硬梆梆的檔案，也不能盡信回憶錄、日記等野史，不但重視政治問題，同時更要關心文化問題，不但要處理大人物的資料，更要歸納一般庶民的經驗。

茲舉一個人的經歷，可供史家還原國民黨在台灣白色恐怖時代的「情境」，並說明本人研究歷史只講是非對錯，沒有預設立場，更不是國民黨的打手。

在蔣經國時代，我的一位童年章姓好友，陸軍官校畢業後在警備總部服務多年，後來榮升少將處長。警備總部現已裁撤，在當年可是人人聞之變色的恐怖組織，有兩大任務，其一是偵辦匪諜；其二是舉報流氓。警備總部幕後老闆是蔣經國，蔣經國年輕時，以其在俄國的經驗、歷練，緊抓特務機構，爲人陰鷙無情，警備總部跟調查局一樣，有一度是蔣經國抓權整肅異己的工具。匪諜抓到不少，但也弄出一堆冤案，遺禍至今。

當時台灣的百姓享有居住、行動、集會、結社等自由，尤其是經濟活動，政府已漸漸走上自由經濟的道路，但是對「共匪」畏之如虎，對共產主義視爲洪水猛獸，進行嚴苛的控制，思想問題只要一沾到邊，重則有殺身之禍，輕則脫層皮。活在那個時代的人，無論一般百姓或是高階軍公教，聽到警備總部、調查局都談虎色變，敬而遠之。

我的老同學，年輕時曾經混過太保，個性豪放不羈，體格強壯，儀表堂堂，天生軍人的材料，年輕的時候因爲不愛讀書，所以思想頗爲單純，當時解釋成「思想純正」，也就是頭腦簡單的意思，頭腦簡單者絕對不會去探索共產主義，所以「思想純正」是升官最重要的條件。

章將軍善飲，愛熱鬧，交遊廣闊，凡達官貴人、富商巨賈、江湖豪傑皆有往來，酒酣耳熱之際愛唱軍歌，在當時是典型的「愛國將領」，是大家爭相巴結的對象；一般人與其交往，一方面可以驕其妻妾，一方面萬一有事可倚爲靠山，所以將軍也是社交圈的名人。

我跟章將軍因爲是從小的朋友，行情也水漲船高，不少人因此對我特別親近，我也因此狐假虎威了好一陣子。

有一次在飯局，有一位老朋友王自強，也是陸軍官校畢業，做到中校退伍，當時經商，是章的軍中學長，是我們的酒肉朋友，小時也曾浪跡江湖，個性豪邁，好酒有量。那天飯局中不知何故，跟章將軍抬槓，王自強突然提高了音量大聲說：「老章，別以爲我對你不好，其實我最護你，上次我們跟之璋吃飯，你喝多了，喊毛澤東萬歲，我都沒有檢舉你，你不信問之璋。」「我我我，我不可能喊毛澤東萬歲，你你你騙人。」章將軍立刻結結巴巴地辯駁，當時的情景，連小孩都聽得出來，那是句笑話，但是只有章信以為真，我注意到他的臉色瞬間變白，顯然被這句話嚇壞了。

「不要聽他胡扯，根本沒有這回事，老章忠黨愛國，怎麼會喊毛澤東萬歲，胡說八道，來，你要罰一杯酒。」我急忙打圓場，氣氛很快恢復。

後來我覺得尿急，上廁所小便，老章跟到廁所，表情嚴肅地問我：「之璋，我真的喊過毛澤東萬歲？」

「聽他鬼扯，他跟你開玩笑的，假如有，以你們的交情，他一定替你保密，怎麼會在大庭廣眾提這件事嗎？」我的分析似乎產生了效果，回座後章將軍又活了過來。

一個警備總部少將，會在一句玩笑話以後嚇得手足無措，面無人色，白色恐怖有多恐怖，可想而知。

西方自由主義者提出「免於恐懼的自由」，是一個文明人必須具備的，中國人豈能例外？好在台灣的進步，百姓已經享有免於恐懼的自由，對這種進步，我們要鼓掌叫好，且珍惜。

誓死支持郭匪冠英

謝長廷的子弟兵、民進黨立委管碧玲爆料，「郭冠英就是『范蘭欽』」，掀起政壇軒然大波，朝野藍綠同聲譴責，「『撕裂族群』、『看不起台灣人』、『破壞團結』」等一大堆「莫須有」的罪名！

郭冠英是我的老朋友，是旗幟鮮明的統派，反台獨，用很多不同的筆名寫文章，諷刺國民黨，嘲笑民進黨。在新聞局，郭是特立獨行的異類，沒有長官喜歡他，所以一直升不了官。郭的中英文俱佳，派到加拿大做小主管，雖然令人意外，但朋友們卻認爲，千里馬終於碰到伯樂了，都爲他高興。

管碧玲爆料，郭冠英就是「范蘭欽」，掀起軒然大波，朝野藍綠同聲譴責，沒出息的國民黨也不問情由，把郭召回，移送公懲會議處。

發明箝制言論自由、思想自由的老祖宗是中國人，中國在秦朝就有「腹謗」罪，誹謗之詞雖未出口，但在「腹內」也是有罪！在漢朝有「腹誹」罪，是同樣的邏輯，話未出口，但有誹謗的念頭都不可以。人類文明進步了，中國人全盤接受了西方法學理論，憲法賦予了人民言論自由，根據中華民國憲法第十一條：「人民有言論、講學、著作及出版之自由。」第十二條：「人民有祕密通訊之自由。」而言論自由的右上角，有一括弧內寫（思想自由），意思是言論自由的法理、法源應歸類思想自由，同時憲法也有保障人民祕密通訊的自由，針對憲法是國家基本大法的規定，我要嚴肅的請問民進黨立委、國民黨官員以及關心本案的全國同胞：

一：中華民國有哪一條法律規定，官員不能用筆名寫文章？

二：中華民國有哪一條法律規定，不准官員用筆名寫與政府政策牴觸的文章？根據罪行法定主義的原則，郭用筆名寫文章，內容再不妥當都是無罪的。是否侵犯人民言論自由？是否違憲？應請大法官釋憲！

四：根據憲法賦於人民的言論自由、祕密通訊自由權，請問誰有權力調查「范蘭欽」是不是郭冠英？

五：假如郭冠英用筆名寫文章有罪，請問多少部長、甚至總統用公權力羞辱族詳、歪曲事實、捏造歷史、甚至顛覆政府的言行，爲什麼沒有受到法律、輿論的制裁？

六：郭的文章用詞遣字或許有爭議，但其文章內容批評台灣文化、批評台灣人性格的缺點，難道不是事實？難道不值得台灣人反省檢討？

七：柏楊寫《醜陋的中國人》一書，暢銷至今。但是現在有人敢批評台灣人一句，就被批鬥，台灣人都聖潔得跟天使一樣嗎？還是台灣人度量小得跟老鼠一樣？一個不知羞恥、不知檢討的族群，是沒有前途的、是沒有希望的，不是嗎？

八：任何一個關心台灣，有一點思辨能力的人都知道，「看不起台灣人」、「愛台灣」是僞議題，國民黨要是再隨着民進黨的僞議題起舞，難道不怕支持的七百多萬人轉向？

法國人諷刺德國人：「不會造轎車，只會造坦克，賓士跟坦克一樣，除了結實，沒有優點。」而德國人嘲笑法國車則是：「買法國車好像買獎券，萬一買到 Monday Car 就倒楣了，因爲星期一法國工人的酒還沒醒，星期一出廠的車品質很爛。」中國人互相嘲笑，「京油子」，北京人愛耍嘴皮，「衛嘴子」，天津人嘴巴刻薄；山東人士被戲稱「侉子」，甚至造出「仙東ㄎㄨㄚˇ」字來嘲笑山東人；湖北人刁蠻，被稱之爲「九頭鳥」。日本東京人說大阪人都是奸商，不仁不義；大阪人說東京人愛吹牛，每個人跟天皇都攀得上關係。互相嘲諷是淵遠流長的玩笑文化，被嘲笑者沒有人計較。

不同族群、不同省籍，甚至不同職業之間相互嘲弄，只要不傷大雅，都該有互相包容的雅量。因爲互相嘲弄之詞，其修辭結構都有三分道理、七分戲謔的成分。

我們小的時候，眷村子弟叫台灣同學爲「土台客」，「台客」外加一個「土」字，事實上當年台灣同學的衣著打扮、家庭教育、文化素養，確實比外省同學差一級。但是曾幾何時，「台客」的定義變了，台灣人有錢了，滿街都是「高貴的台灣人」。外省人有幾個買得起LV包包？有幾個人吃得起「三井宴」？外省人被罵「中國豬」那麼多年了，民進黨領導沒有人提出嚴厲糾正，外省人早麻木了，有誰計較過？

管碧玲覺得「台巴子」受辱，傷心落淚，我真佩服她的演技，問題是管碧玲白哭一場。因爲豬都不會相信管碧玲真的傷心落淚，因爲太假了，假到一眼就被看穿了，假到令人發噱，假到這種程度，太超過了，那是沒有選票的。

郭冠英是統派，我也是統派，但是我反對共產主義，反對極權獨裁。郭認為基於大方向的考量，可以階段性的容忍極權獨裁，為這一點我們常有激辯，因為這一點出入，我常戲稱他是「郭匪冠英」。但是這一次我基於人權、言論自由、罪行法定主義、人民有私密通訊自由等，法律保障以及普世價值的原則，誓死保衛郭匪冠英的基本人權，同時呼籲全民唾棄心地邪惡、沒有知識、做賊喊抓賊的管碧玲！

悼大方——談大方向

我認識阮大方很晚，算來只有五、六年的時間，可是早聽過他的大名，因爲我們有很多共同的朋友，所以很早就知道他。五、六年前，大方經好友周其新介紹向我邀稿，那時他任公論報主筆，我們一見如故，一直到他過世前半年，幾乎每個星期都會見面一、二次，或聚餐，或與新黨朋友聊天，或喝咖啡談國事。對政治、社會問題的看法，我們幾乎百分之九十以上一致。

大方少年曾涉足江湖，是四海幫的早期成員，當時的少年幫派或爲了自衛，或爲了出鋒頭、逞英雄，一般而言，除了打架，不會做什麼太離譜的事。大方兄有一個了不起的父親阮毅成先生，在父親言教身教的影響下，大方走上了正途，青年到壯年一直在新聞界服務，很年輕時，在台灣就是「名記」，後來到美國辦「加州論壇報」，因牽扯江南案而名噪一時，多年後回國，做公論報總編輯。大方以其人脈關係四處邀稿，許多名家免費替公論報寫稿，批評時政，臧否人物，以書生之筆，行春秋之事，一時官方及民意代表，都視公論報爲重要參考資料。

大方是統派，我們常談統一問題，把統一分爲下列幾派：一、意識型態派——國民黨愚忠分子。二、西瓜派——中共強大了，西瓜靠大邊，或許會撈到什麼好處。三、民族主義派——在民族主義大帽子下，可以容許專制、獨裁，只要中國強大，民主、人權先放一邊，這派人最對中共胃口，此派朋友以郭冠英爲代表。四、理性統派——主張統一同時也反對專制、獨裁。這派人數較少，其主張兩邊不討好，我跟大方都是理性統派。

有一次朋友聚會，郭冠英慣用半開玩笑的語氣說：「中華民國已經亡了！」大方起而厲聲怒斥：「誰說中華民國已經亡了，國民政府三十八年來台灣，一直到今天，哪一天亡了？有我在，就不許你胡說八道。」

當時大方聲色俱厲，指著郭冠英，舉座震驚，啞口無聲，大家都對大方的突然發飆感到不解，因爲郭冠英口中常說「中華民國已經亡了」、「歡迎解放軍」等玩笑話，大家都習以爲常，今天大方怎麼突然發飆，大家正在狐疑的時候，突然有兩個人不打招呼起身離座走了。這時大方走向冠英，換了個笑臉，伸出手對冠英說：「對不起，剛才不禮貌，因爲走的那兩位是人民日報記者，我們之間可以開玩笑，人民日報記者究竟是外人，在外人面前，我不願意讓他們聽到『中華民國已經亡了』這幾個字。」

大方跟郭冠英是老朋友，大方斥責郭、大方的發飆，至少讓我肅然起敬。

後來有多次朋友聚會時，大方爲中華民國的法律地位問題、統獨問題、兩岸問題與朋友激烈辯論，而每次我都跟大方並肩作戰、相互支援。但是「理性統派」是少數，在舉座口徑一致圍剿時，我們常常相視苦笑以對。

大方身體素健，精力無窮，筆耕甚勤，對兩岸問題、琉球回歸問題，都有獨到見解。半年前突聽友人告知，大方得淋巴腺癌，已經末期，只有半年壽命。我跟大方見面，他很灑脫說：「我已經七十多了，死也不算夭折，兒女都能自立，治不好也無所謂。」

開始我每個星期打一兩次電話，問候病情，有一次聽到電話中喑啞的聲音，問怎麼了，他吃力地說，是吃中藥的反應，影響了聲帶。後來情況一天比一天壞，我也不敢再打電話了。

大方走的前四天，我到他家，他已憔悴不堪，掛著氧氣，呼吸沉重，意識清楚，但已不能講話，我心中一陣淒楚。看過太多的癌末病患，那種痛苦、那種折磨是慘不忍睹的。我常認爲一個人，沒有任何理由忍受那種沒有希望、沒有意義的痛苦，我主張安樂死。當時大方的情形還不算最壞，再下去可能插管，可能氣切，在自己沒有表達能力，別人又不知道病人有沒有意識的情況下，還會再拖一陣子，當下我有一個衝動，心想假如四下無人，會幫大方解脫。

星期一早上，傳來大方去世的消息，聽了悲痛中有些許安慰，大方受罪時間不長。後來才知道，最後是大方自己拔管的。其實大方在清醒的時候，就跟大方嫂講好了，病危時不急救、過世後不發訃文、不公祭，大體火化後樹葬，大方活得精彩，走得瀟洒。

大方突然走了，有許多計畫尚未完成，留下了遺憾，也給朋友留下無盡的懷念。但是，大方在大是大非大方向上，是在台灣的中國人的一個榜樣。

兩岸關係——從一件往事說起

一九八一年的某一天，小山東突然來訪，我很驚訝，自從小山東當了大官以後，因爲職業敏感，所以很少來往，今天突然來我家令人意外。

「走，出去散散步。」

小山東面色詭異，帶著掩不住的興奮：「告訴你一個天大的好消息，明天葉劍英要發表對台灣談話，最重要的一條，是把海南島無條件交給台灣經營五十年。」

「天哪！」我被震得說不出話來，「國共鬥爭終於結束了，中國終於要統一了。」

「那台獨呢？」

「台獨理論、台獨勢力，將會一夜之間瓦解，因爲中共用事實證明，大陸對台灣沒有敵意，台獨理論將會崩潰。」

事實證明，葉九條並沒有把海南島給台灣這回事，但是小山東眉飛色舞的神情，高亢興奮的語調，恍如昨日。如今海峽兩岸關係日趨緊張，台獨勢力日益高漲，想到這段往事，想到當年小山東錯誤的情報，不禁令人感慨不已。假如葉九條真有海南島這一條，歷史將是另一個面貌。

如今海峽兩岸的僵局，受困於「一個中國」的原則，讓台獨找到理論藉口。

台獨說：

一、「全世界都不承認你是中國，你偏要死皮賴臉，認爲自己是中國。」

二、「聯合國認爲，只有中華人民共和國才能代表中國，你又不是聯合國會員國，爲何要自稱中國。」

三、「中華人民共和國、聯合國，全世界大多數國家都認爲，你不是主權獨立的國家，把你貶成地方政府、流亡政府，你爲什麼要死皮賴臉，同意『一中原則』。」

四、「掛著中國的招牌，除了屈辱，除了被打壓，還有什麼好處？」

當然民進黨，絕口不提文化中國、歷史中國、以及未來中國，但是民進黨的歪理，不但吸引了許多台獨分子，也影響了許多外省子弟，以及原有中國情結的年輕人。因爲：

一、台灣在兩蔣時代，特重民族精神教育，培養年輕人的愛國情操，但是他們新生代，對於國共鬥爭的歷史悲劇不甚了了，長大成人以後突然發現，從小熱愛的國家——中華民國是不被承認的，在國際上非但沒有地位，而且連國名都是有爭議的，這種羞恥及挫折感，很容易讓台獨理論趁虛而入，或者引起對大陸的敵對意識。

二、面對一中原則引起的台灣外交問題、聯合國問題、兩岸平等問題，讓統派的支持者無詞以對，原因是大陸太強、太大，台灣太小、太弱。以小事大原來就容易產生委屈的感覺，再加上民進黨是挑撥能手。

面對「一個中國」造成的困境，不禁想到當年「海南島送給台灣經營」的傳聞。時空雖然改變，但是其理則一，故建議大陸當局。調整對台政策如下：

一、海南島無條件給台灣經營五十年，大陸不干涉行政，不收稅金。

二、承認中華民國是主權獨立的國家，宣告目前世界上有兩個中國，而將來兩個中國將會和平統一，並協助中華民國進入聯合國。如此台獨理論不攻自破，台獨勢力將會快速崩解。但是，中共內部如何宣導，調適對台策略理論之轉變，重點如下：

一、台獨人士說：「中國歷史上沒有一個國家名字叫『中國』。」其實秦漢以後，在中國歷史舞台上，沒有一個國家不自稱中國，中國是一個文化認同的概念，所以歷史上同時出現多個中國，如三國、魏晉南北朝、五代十國，沒有一個國家不自稱中國。中國歷代興亡交替之際，爭正統、奉正朔等觀念，說明歷史舞台上可以允許兩個或兩個以上中國，而最終不但不妨害統一，而且都是中國、「分久必合」、「天與人歸」等觀念，反而有助於未來統一。假如今天台灣當局及民間，堅持兩個中國——中華民國與中華人民共和國，是不是比目前的三條路線之爭（**台灣共和國**）來得單純？

二、大陸太大、太強，台灣太小、太弱，假如大陸當局有膽識，讓台灣以中華民國的名稱，再發展五十年，難道還怕台灣從此飛走，再也喚不回來嗎？大陸當局該對自己的強大有信心，該對中國文化的凝聚力有信心。

三、承認中華民國是一個主權獨立的國家，承認目前世界上有兩個中國，非但無害於將來的統一，非但可以破壞台獨分子的謬論，而且讓台灣的外省人，認同中國的同胞，在精神上有所依歸，並培養下一代以中國人為榮，以中國為傲的情懷。

面對日益壯大的台獨勢力，中共當局應以大戰略、大器度，方可破解目前兩岸的困境，方可避免兩岸間悲劇之發生，台灣太小，台灣的作為對兩岸前途無足輕重，兩岸問題解決之道，主導權在大陸。而大陸當局目前最重要的工作，是內部調整戰略思維，重點有二：其一，要建立兩個中國有助於統一的史觀，其二，是要有「以大事小」的仁愛精神與政治智慧。

台灣司法的黑暗

我們對台灣司法一直不滿意，台灣司法改革的腳步也異常緩慢。司法的改革、進步，也是中國現代化的一環。改革的標準與目標，是以西方現代法學、法治爲學習的對象。

我是台灣法治化的見證人。中國文化無論儒家、法家，都有反法治的因子。推動一個兩千多年的老大帝國，法治化是一個艱難的工程。要腳踏實地，一步一步往前走，急不得，也拖不得。

回顧台灣法治化的過程，不但步履蹣跚，而且光怪陸離。茲舉一例，以證當年司法黑暗到什麼地步。

我有一黑道友人，綽號「西瓜」，年輕時不務正業，稱霸一方，後來改邪歸正，與友人合夥做汽車貸款生意。汽車貸款就等於汽車當舖，一般作業是要把汽車留在公司，同時簽好買賣過戶契約，萬一車主過期不還款贖車，借款人就可以直接把車子過戶後，賣掉抵充借款。

有一次，一個朋友介紹了一個客戶，一部美國車抵押借三十萬。西瓜一看是朋友介紹，就說自己人不用押車了，車開走吧！過戶手續也沒辦，只收了三張對方的空白支票，意思是萬一不還錢，可以填上積欠金額到銀行兌現。

爲什麼要三張支票呢？因爲當時台灣法律規定，退票三張就會成爲銀行拒絕往來戶，而且算是違反票據法，是屬公訴罪，要坐牢的。三張空白支票保障三十萬元，應該算安全，何況是朋友的朋友。

沒想到朋友的朋友一去不返，錢不還，人也聯絡不到。無奈何，最後西瓜把三張支票各填寫了三十萬元，共九十萬元，分三天存到銀行。西瓜這樣做的理由是，那時法律規定期，政府要罰退票金額的百分之三十，西瓜認爲對方會想，與其被政府罰百分之三十，還不如還錢把事情解決算了。

結果出人意料，三張票子進銀行，紛紛退票，開票人反告西瓜僞造文書，因爲支票不是借款人開的，再加上西瓜有前科。

官司打到最後，西瓜以僞造文書罪被判一年半。他覺得很冤，找我幫忙，我也認爲他很冤，就答應幫忙。當年司法黃牛業務鼎盛，但我們不得其門而入。我找了一位總統官邸服務的官員，官不挺大，但是因爲在天子面前行走，所以非常「罩得住」。

我向這位好友說明原委，好友願意幫忙，事情託府方交際科處理。

再度開庭後，西瓜興高采烈地跟我說：「整個開庭過程，法官是引著我說話，法官問我『你是不是故意僞造文書』，『你知不知道這樣做是犯罪』，看樣子這場官司應該沒事了。」

沒想到事情的結果，太出人意料之外了。改判兩年半，而且不准上訴。

開庭以後，我曾經問過這位好友，法院方面是否需要打點。他瞪了我一眼：「官邸的錢誰敢要？」我想也是。沒想到官邸的錢法院不要，官邸的帳法院也不買，不但不幫忙，反而加判了一年。

我的朋友也大惑不解，後來官邸交際科興師問罪的結果是：法院答應幫忙，但是我們不懂

「規矩」。

規矩是法院談妥了，銀子要隨後就到，許多人包括記錄都要分錢。如果說好的案子錢不到，法官會加重判決以示清白，否則可能被誤會獨吞了賄款。

後來西瓜乖乖的進去坐了一年多的牢。出獄後走頭無路，我對他也心存愧疚，於是就到我公司打雜了一段時間。

蔣經國一生不積私財，痛恨貪汙。表弟王正誼，在人事行政局局長任內貪汙，被判無期徒刑，但在蔣經國時代，法院還如此黑暗。

這種現象在台灣司法界已不多見，司法黃牛也幾近絕跡，所以司法在台灣是在進步中的。

組織藍天行動聯盟

馬英九在市長任內，我就看出不少馬英九性格及觀念上的問題。在市長任內的末期，我出版了一本書「策馬入林」對馬英九有規勸，有批評，也有鼓勵。但是對馬英九沒有絲毫影響。

馬英九上任以後，要做全民總統，要顧及到沒選他的五百萬人的感受，用賴幸媛任陸委會主委，藍營立委反對，馬英九哭喪著臉反問記者：「賴幸媛是我好不容易向李登輝求來的人才，我不知道你們為什麼要反對？」

此語一出舉國嘩然。賴幸媛是人才嗎？李登輝不是叛徒嗎？為什麼向李登輝求人才。

藍營選民對馬十分錯愕，批評、責罵之聲四起，但是馬不為所動，最詭異的是非但不改媚日、去中國化教科書，而且全面配合台獨份子媚日，否定中國歷史及國民黨正當性的論述。媚日的行為除了用公帑建八田與一紀念公園，還修復了日據時代全省的鳥居神社。

蔡英文上台後，很多知識份子痛心疾首之餘冷靜思考，我們怎麼輸得那麼慘？

經過了多次討論，我們得到了答案。構成台灣的價值體系如中國文化、中國人的傳統倫理、國民黨的治國理念、國民黨光榮的歷史、國民黨人犧牲奮鬥的精神等，被民進黨逐漸摧毀。

民進黨摧毀台灣社會價值體系的方法是造謠、抹黑、曲解歷史；用台灣主體意識、本土化等玄虛語言建構一種虛幻的革命氣氛。這些謬論非但欺騙了年輕人，甚至連馬英九、吳敦義也被其謬論所惑而不自知。

民進黨在全力摧毀台灣社會價值體系的過程中，國民黨領袖非但沒有起而捍衛自己的歷史跟信仰，反而全力配合。以致去中國化及媚日史觀在馬執政八年內取得重大進展。

今天我們失去的不止是政權，在台灣我們甚至失去了中國文化及國民黨的治國主張的信念。無論是教育機構、學校、媒體我們已經全面失守。民進黨操控教育、媒體，肆無忌憚地推動各種惡法。

今天國民黨的領袖對這種困境似乎無動於衷，以爲民怨四起就可以奪回江山。事實上不可能，那是國民黨高層的白日夢，今天台灣社會已經面臨文化淪亡的危機，許多台灣人不承認自己是中國人；國民黨也成了沒有信仰沒有鬥志的行屍走肉。

這種國民黨可能奪回政權嗎?我們不關心國民黨是否能夠奪回政權，但是我們憂慮台灣社會的繼續沉淪。

藍天行動聯盟洞悉今天困境的根源，所以擬定了整套行動的方略。我們的行動其最終目的是早日終結這個邪惡政權，而終結這個邪惡政權必須要先檢討過去藍營領袖的錯誤，避免重蹈覆轍。我們要勸說，甚至壓迫我們的黨主席拾回中國文化，拾回中國國民黨的黨魂。我們要求我們的主席挺起胸膛，帶領我們跟民進黨戰鬥。

藍天行動聯盟是一個很小的社團，但是我們秉持天下興亡匹夫有責之義，勇於奔赴每一個戰場，反對民進黨所有違法、違憲的政策、法。

三年來，我們參加反核四、反軍公教年改、反二二八造謠、反歷史課綱、反性平教育、反拆中正紀念堂等活動。兩年來我們有多人在活動中受傷，也有多人被移送法辦。我們的秘書長在今年二月二十七企圖攻佔立法院時殉難。

繆秘書長曾經跟同志多次在會議中商討藍天行動聯盟的方向，我們最終的結論是：「國民黨該做不做的事我們來做」、「結合八百壯士的力量攻佔立法院，開國際記者會，開辦民主講堂，拆穿民進黨謊言」。

我們決定了行動綱領以後，兩年之內出版了三本書：《解剖民進黨》、《日產接收研究》、《二二八真相與謊言》、每星期五舉辦文史講堂，成立青年軍、青年網軍。多次聯合盟友對台灣民政府提告、向NCC檢舉三立、民視說謊、警告促轉勿作蔡政府打手。

坦白講，我們三年來的努力沒有分毫動搖這個爛政權，但是我要反問國民黨，藍天行動聯盟所做的事，哪一件不是國民黨該做的事？

假如兩年來我們所做的事有國民黨參與，或者根本由國民黨來領導，我相信蔡英文可能已經逃亡了。

兩年來我們損兵折將，傷痕累累，但是我們依然士氣高昂，勇往直前。我們也得到許多朋友的認同跟鼓勵。但是我們最痛心的是國民黨主席吳敦義，他的言行非但沒有資格做中國國民黨主席而且連做黨員的資格都沒有。

吳敦義荒腔走板的言論俯拾皆是如：「要統一的人回福州回上海，不要牽連兩千三百萬人。對有人給蔣公銅像潑漆事，我主張不追究。此外當選黨主席以來拒絕支援所有陳抗活動，拔管及新五四運動下令國民黨不得介入」。從吳敦義的作爲，我們發現吳敦義在作風上跟馬英九十分雷同，在思想上完全走李登輝路線。

馬英九八年總統任內，藍營選民對馬英九犯的錯誤只會生悶氣，只會含淚投票。我們姑息、縱容馬英九的結果，非但馬英九至今不知悔悟，而且洋洋得意，到處吹噓自己的政績。

今天台灣的反民進黨的勢力只剩國民黨了，如果國民黨不振作，民進黨極可能再執政，那會是什麼樣的結果？

我們檢討馬的錯誤，批評吳敦義的言行，正是出自於對黨對國的愛護，現在是民主時代了，愚忠是很可笑的事。中國最講尊君的儒家尚且鼓勵臣子不可以「逢君之惡」（孟子），君王不聽勸說可以「易君位」（孟子），做臣子要「以道事君」、「從道不從君」（荀子）

今天我們遺憾的是馬英九任內做了那麼多背離國民黨、中國文化理念的事，導致國家面臨滅亡的困境，吳主席又追隨馬英九路線，而許多藍營朋友竟然譴責藍天行動聯盟批評馬、吳是破壞團結。這種愚忠思想在中國古代都是學者所反對的，何況在今天的民主社會。

我們根據中國傳統士大夫精神絕不「逢君之惡」，對於死不認錯的君王，我們主張「反覆不聽則易位」。我們要發揚中國人「武死戰，文死諫」的精神，寧被全國人咒罵也不坐視領袖犯錯。繆德生在輔導會衝進一個只有將軍才有資格參加的會場，責罵將軍做假民調，拍蔡英文馬屁，丟軍人的臉，將軍們低頭不語。繆上校怒斥將軍的行爲代表藍天行動聯盟只問是非的精神。

假如我們所有藍營選民一起給國民黨中央壓力，讓他們挺起胸膛率領大家迎向敵人，消滅皇民餘孽，光復中華文化，提前終結這個僞政權，我相信我們都會心悅誠服的追隨國民黨，接受國民黨的領導。

面對幾百萬藍營因爲對領袖失望而含淚不投票的選民，領袖作風不改，空喊團結是沒有用的。

我們有一個大計劃，已經說動很多退休軍公教警消團體，在大型陳抗活動中分兵攻佔立法院。長期佔領議事庭，開國際記者會，控訴蔡英文政府違反人權，召開民主論壇，邀請綠營學者，公開辯論台灣人是不是中國人、中國文化是不是外來文化等敏感議題，全程錄音、錄影。

幾乎所有陳抗團體都贊成攻佔立法院的提議。這就是我們之所以一再企圖攻佔立法院的原因。屢次攻擊行動皆由八百壯士吳斯懷主導，藍天行動聯盟及各地警消團體，大陳島兄弟配合。

二〇一八年二月二十七日的攻擊行動計劃最爲周延，根據過去失敗的經驗計劃中有欺敵的方案。故意放出假消息，讓警方誤以爲集合地點在中正紀念堂。

所以計劃中第一波五點半由繆上校帶隊從立法院鎭江街側門進攻立法院，院內只有駐衛警。順利進入立法院。但是進入立法院後，繆上校看不到吳斯懷承諾的第二波兩百多人進入立法院，此時警方已經調集警力向立法院集結。

繆秘書長後來攀爬木架墜落，因爲頭先著地，所以除了顱內出血，頸骨也斷裂。所以繆秘書長墜落第一時間就失去生命。

繆秘書長為什麼往高處爬，根據同時衝進立法院的同志分析，可能是繆秘書長因為看不到第二波的兩百人，他或許想是不是從其他方向進入立法院，他想到高處看一個究竟。沒想到竟然因而殉難。

繆秘書長是中華民國為反台獨犧牲的第一人，繆秘書長的犧牲更激勵了藍天行動聯盟的士氣。我們檢討未來行動的方向，軍方團體因為領導人沒有決心，沒有拚命的膽量，所以士氣低落，所以陳抗活動告一段落。我們加強反文化台獨的工作。

我們每星期辦「文史講堂」，我們主動參加綠營辦的學術研討會，當場拆穿講者的謊言，幾乎每次都起衝突。

後來許多綠營辦的學術研討會，因為我們報告而取消。我們也多次到中央黨部抗議中央的不當措施。吳主席決定不選總統，我們也到中央黨部給吳主席鼓勵、贊美。

所謂「富貴不能淫、威武不能屈」這是我的個性，也是藍天行動聯盟的集體性格。三年多來我們同志奮不顧身，多人在行動中被打、受傷、被起訴，或者丟掉工作。但是無人抱怨，無人退怯。

我有兩個孝順的女兒、三個漂亮又可愛的外孫女，我有一大堆寫作計劃。我可以安享一個快樂的晚年。

我的興趣在學術，我已經年過七十，為什麼跳出來奔赴戰場?因為我不忍看到台灣文化淪亡。

今天藍營處境為什麼如此艱難，因為民進黨文化台獨成功。而民進黨文化台獨成功，馬英九要負最大的責任。

請問我們藍天行動聯盟以及那麼多陳抗團體幾年來的努力，不都是在收拾馬英九留下的爛攤子嗎？

藍天行動聯盟傳承中國士大夫精神，只問是非不計利害；只問耕耘不問收穫。我們會繼續努力，至到完全消滅民進黨邪惡思想，光復中華文化爲止，不達目的絕不罷休。

外省人的故事

作者：武之璋
發行人：陳曉林
出版所：風雲時代出版股份有限公司
地址：10576台北市民生東路五段178號7樓之3
電話：(02) 2756-0949
傳真：(02) 2765-3799
執行主編：劉宇青
美術設計：吳宗潔
行銷企劃：林安莉
業務總監：張瑋鳳

初版日期：2019年12月
版權授權：武之璋
ISBN：978-986-352-769-5

風雲書網：http://www.eastbooks.com.tw
官方部落格：http://eastbooks.pixnet.net/blog
Facebook：http://www.facebook.com/h7560949
E-mail：h7560949@ms15.hinet.net
劃撥帳號：12043291
戶名：風雲時代出版股份有限公司

風雲發行所：33373桃園市龜山區公西村2鄰復興街304巷96號
電話：(03) 318-1378
傳真：(03) 318-1378
法律顧問：永然法律事務所 李永然律師
北辰著作權事務所 蕭雄淋律師

行政院新聞局局版台業字第3595號 營利事業統一編號22759935

定價 ：280元

國家圖書館出版品預行編目資料

外省人的故事 / 武之璋著. -- 臺北市：風雲時代,
2019.11 面；公分

ISBN 978-986-352-769-5（平裝）

1.臺灣傳記

783.31 108015588